하나님의 사랑 안에서

지혜롭게 자라나기를 기도하며

____________________ 에게

____________________ 드림

쓰고, 기도하고, 마음에 담아요!

요한복음은 예수님이 하나님의 아들 그리스도이심을 믿게 하기 위해 쓰인 책으로 예수님을 통해 영생을 얻는 복음을 잘 드러내고 있습니다.
이처럼 귀한 요한복음 말씀을 마음에 새기는 방법에는 여러 가지가 있겠지만, 그중에서도 한 글자 한 글자 마음을 다하여 적어 내려가는 '필사'는 말씀을 보다 깊이 마음에 담고 그 뜻을 헤아려 볼 수 있도록 인도합니다.
특별히 「기도하며 성경 쓰기」 시리즈는 자신이 손으로 쓴 말씀 내용으로 기도할 수 있도록 구성되어 있습니다. 이 책을 통해 말씀을 쓰고, 기도하고, 마음에 담을 수 있기를 소망합니다.

하나님이 세상을 이처럼 사랑하사 독생자를 주셨으니
이는 그를 믿는 자마다 멸망하지 않고 영생을 얻게 하려 하심이라
(요한복음 3장 16절)

1 말씀을 읽어요

필사를 하기 전 말씀을 읽으며 내용을 먼저 이해해요.

2 말씀을 써요

직접 손으로 쓰며 말씀의 의미를 깊이 생각해요.

3 바른 글씨체를 익혀요

한 글자 한 글자 또박또박 쓰며 바른 글씨체를 배워요.

4 말씀을 묵상해요

마음에 와닿는 말씀에 형광펜이나 색연필로 줄을 치고 묵상해요.

5 말씀으로 기도해요

내가 쓴 말씀을 바탕으로 기도하며 마음에 새겨요.

6 나의 기도문을 적어요

필사를 마친 후 '나의 기도문'을 적고 책상 위에 붙여요.

차례

말씀이 육신이 되시다

1. 태초에 말씀이 계시니라 이 말씀이 하나님과
함께 계셨으니 이 말씀은 곧 하나님이시니라
2. 그가 태초에 하나님과 함께 계셨고
3. 만물이 그로 말미암아 지은 바 되었으니 지은
것이 하나도 그가 없이는 된 것이 없느니라
4. 그 안에 생명이 있었으니 이 생명은 사람들의
빛이라
5. 빛이 어둠에 비치되 어둠이 깨닫지 못하더라
6. 하나님께로부터 보내심을 받은 사람이 있으니
그의 이름은 요한이라
7. 그가 증언하러 왔으니 곧 빛에 대하여 증언하
고 모든 사람이 자기로 말미암아 믿게 하려 함
이라
8. 그는 이 빛이 아니요 이 빛에 대하여 증언하러
온 자라
9. 참 빛 곧 세상에 와서 각 사람에게 비추는 빛이

있었나니

10. 그가 세상에 계셨으며 세상은 그로 말미암아
지은 바 되었으되 세상이 그를 알지 못하였고
11. 자기 땅에 오매 자기 백성이 영접하지 아니하
였으나
12. 영접하는 자 곧 그 이름을 믿는 자들에게는 하
나님의 자녀가 되는 권세를 주셨으니
13. 이는 혈통으로나 육정으로나 사람의 뜻으로
나지 아니하고 오직 하나님께로부터 난 자들
이니라
14. 말씀이 육신이 되어 우리 가운데 거하시매 우
리가 그의 영광을 보니 아버지의 독생자의 영
광이요 은혜와 진리가 충만하더라
15. 요한이 그에 대하여 증언하여 외쳐 이르되 내
가 전에 말하기를 내 뒤에 오시는 이가 나보다
앞선 것은 나보다 먼저 계심이라 한 것이 이
사람을 가리킴이라 하니라

16. 우리가 다 그의 충만한 데서 받으니 은혜 위에
은혜러라
17. 율법은 모세로 말미암아 주어진 것이요 은혜와
진리는 예수 그리스도로 말미암아 온 것이라
18. 본래 하나님을 본 사람이 없으되 아버지 품 속
에 있는 독생하신 하나님이 나타내셨느니라

세례 요한의 증언

19. 유대인들이 예루살렘에서 제사장들과 레위인
들을 요한에게 보내어 네가 누구냐 물을 때에
요한의 증언이 이러하니라
20. 요한이 드러내어 말하고 숨기지 아니하니 드
러내어 하는 말이 나는 그리스도가 아니라
한대
21. 또 묻되 그러면 누구냐 네가 엘리야냐 이르되
나는 아니라 또 묻되 네가 그 선지자냐 대답하
되 아니라
22. 또 말하되 누구냐 우리를 보낸 이들에게 대답

하게 하라 너는 네게 대하여 무엇이라 하느냐
23. 이르되 나는 선지자 이사야의 말과 같이 주의
길을 곧게 하라고 광야에서 외치는 자의 소리
로라 하니라
24. 그들은 바리새인들이 보낸 자라
25. 또 물어 이르되 네가 만일 그리스도도 아니요
엘리야도 아니요 그 선지자도 아닐진대 어찌
하여 세례를 베푸느냐
26. 요한이 대답하되 나는 물로 세례를 베풀거니
와 너희 가운데 너희가 알지 못하는 한 사람이
섰으니
27. 곧 내 뒤에 오시는 그이라 나는 그의 신발끈을
풀기도 감당하지 못하겠노라 하더라
28. 이 일은 요한이 세례 베풀던 곳 요단 강 건너
편 베다니에서 일어난 일이니라

하나님의 어린 양을 보라

29. 이튿날 요한이 예수께서 자기에게 나아오심

을 보고 이르되 보라 세상 죄를 지고 가는 하
나님의 어린 양이로다
30. 내가 전에 말하기를 내 뒤에 오는 사람이 있는
데 나보다 앞선 것은 그가 나보다 먼저 계심이
라 한 것이 이 사람을 가리킴이라
31. 나도 그를 알지 못하였으나 내가 와서 물로 세
례를 베푸는 것은 그를 이스라엘에 나타내려
함이라 하니라
32. 요한이 또 증언하여 이르되 내가 보매 성령이
비둘기 같이 하늘로부터 내려와서 그의 위에
머물렀더라
33. 나도 그를 알지 못하였으나 나를 보내어 물로
세례를 베풀라 하신 그이가 나에게 말씀하시
되 성령이 내려서 누구 위에든지 머무는 것을
보거든 그가 곧 성령으로 세례를 베푸는 이인
줄 알라 하셨기에
34. 내가 보고 그가 하나님의 아들이심을 증언하

였노라 하니라

요한의 두 제자

35. 또 이튿날 요한이 자기 제자 중 두 사람과 함
께 섰다가
36. 예수께서 거니심을 보고 말하되 보라 하나님
의 어린 양이로다
37. 두 제자가 그의 말을 듣고 예수를 따르거늘
38. 예수께서 돌이켜 그 따르는 것을 보시고 물어
이르시되 무엇을 구하느냐 이르되 랍비여 어
디 계시오니이까 하니 (랍비는 번역하면 선생
이라)
39. 예수께서 이르시되 와서 보라 그러므로 그들
이 가서 계신 데를 보고 그 날 함께 거하니 때
가 열 시쯤 되었더라
40. 요한의 말을 듣고 예수를 따르는 두 사람 중의
하나는 시몬 베드로의 형제 안드레라
41. 그가 먼저 자기의 형제 시몬을 찾아 말하되 우

리가 메시야를 만났다 하고 (메시야는 번역하
면 그리스도라)
42. 데리고 예수께로 오니 예수께서 보시고 이르
시되 네가 요한의 아들 시몬이니 장차 게바라
하리라 하시니라 (게바는 번역하면 베드로라)

빌립과 나다나엘을 부르시다

43. 이튿날 예수께서 갈릴리로 나가려 하시다가
빌립을 만나 이르시되 나를 따르라 하시니
44. 빌립은 안드레와 베드로와 한 동네 벳새다 사
람이라
45. 빌립이 나다나엘을 찾아 이르되 모세가 율법에
기록하였고 여러 선지자가 기록한 그이를 우
리가 만났으니 요셉의 아들 나사렛 예수니라
46. 나다나엘이 이르되 나사렛에서 무슨 선한 것
이 날 수 있느냐 빌립이 이르되 와서 보라 하
니라
47. 예수께서 나다나엘이 자기에게 오는 것을 보

시고 그를 가리켜 이르시되 보라 이는 참으
로 이스라엘 사람이라 그 속에 간사한 것이
없도다
48. 나다나엘이 이르되 어떻게 나를 아시나이까
예수께서 대답하여 이르시되 빌립이 너를 부
르기 전에 네가 무화과나무 아래에 있을 때에
보았노라
49. 나다나엘이 대답하되 랍비여 당신은 하나님
의 아들이시요 당신은 이스라엘의 임금이로
소이다
50. 예수께서 대답하여 이르시되 내가 너를 무화
과나무 아래에서 보았다 하므로 믿느냐 이보
다 더 큰 일을 보리라
51. 또 이르시되 진실로 진실로 너희에게 이르노
니 하늘이 열리고 하나님의 사자들이 인자 위
에 오르락 내리락 하는 것을 보리라 하시니라

마음에 와닿는 말씀에 색연필이나 형광펜으로 줄을 치고 묵상해 보세요.

예수님을 믿는 어린이가 되게 해주세요

사랑하는 하나님 아버지,
오늘부터 요한복음 말씀을 읽고 쓰는 것을 시작해요.
제가 끝까지 열심히 잘할 수 있도록 도와주세요.

천지가 창조되기 전에 말씀이 계셨고
그 말씀은 하나님이시라는 말씀을 읽었어요.
그리고 그 말씀이 육신이 되어
우리 가운데 오신 분이 예수님이라고 해요.
아직은 조금 어렵지만 말씀을 읽으며
예수님이 어떤 분인지 잘 알아갈 수 있도록 도와주세요.
예수님을 영접하는 자 곧 그 이름을 믿는 자들에게는
하나님의 자녀가 되는 권세를 주셨다고 했는데
저도 예수님을 믿고 하나님의 자녀로서
씩씩하고 담대하게 살아가도록 이끌어 주세요.

이번에 요한복음 말씀을 읽고 쓰고 기도드리면서
예수님을 더 배우며 지혜와 총명도 얻도록 도와주세요.
예수님의 이름으로 기도드립니다. 아멘.

가나의 혼례

1. 사흘째 되던 날 갈릴리 가나에 혼례가 있어 예
수의 어머니도 거기 계시고
2. 예수와 그 제자들도 혼례에 청함을 받았더니
3. 포도주가 떨어진지라 예수의 어머니가 예수에
게 이르되 저들에게 포도주가 없다 하니
4. 예수께서 이르시되 여자여 나와 무슨 상관이
있나이까 내 때가 아직 이르지 아니하였나이다
5. 그의 어머니가 하인들에게 이르되 너희에게 무
슨 말씀을 하시든지 그대로 하라 하니라
6. 거기에 유대인의 정결 예식을 따라 두세 통 드
는 돌항아리 여섯이 놓였는지라
7. 예수께서 그들에게 이르시되 항아리에 물을 채
우라 하신즉 아귀까지 채우니
8. 이제는 떠서 연회장에게 갖다 주라 하시매 갖
다 주었더니
9. 연회장은 물로 된 포도주를 맛보고도 어디서

낫는지 알지 못하되 물 떠온 하인들은 알더라
연회장이 신랑을 불러
10. 말하되 사람마다 먼저 좋은 포도주를 내고 취
한 후에 낮은 것을 내거늘 그대는 지금까지 좋
은 포도주를 두었도다 하니라
11. 예수께서 이 첫 표적을 갈릴리 가나에서 행하
여 그의 영광을 나타내시매 제자들이 그를 믿
으니라
12. 그 후에 예수께서 그 어머니와 형제들과 제자
들과 함께 가버나움으로 내려가셨으나 거기
에 여러 날 계시지는 아니하시니라

성전을 깨끗하게 하시다

13. 유대인의 유월절이 가까운지라 예수께서 예
루살렘으로 올라가셨더니
14. 성전 안에서 소와 양과 비둘기 파는 사람들과
돈 바꾸는 사람들이 앉아 있는 것을 보시고
15. 노끈으로 채찍을 만드사 양이나 소를 다 성전

에서 내쫓으시고 돈 바꾸는 사람들의 돈을 쏟
으시며 상을 엎으시고
16. 비둘기 파는 사람들에게 이르시되 이것을 여
기서 가져가라 내 아버지의 집으로 장사하는
집을 만들지 말라 하시니
17. 제자들이 성경 말씀에 주의 전을 사모하는 열
심이 나를 삼키리라 한 것을 기억하더라
18. 이에 유대인들이 대답하여 예수께 말하기를
네가 이런 일을 행하니 무슨 표적을 우리에게
보이겠느냐
19. 예수께서 대답하여 이르시되 너희가 이 성전
을 헐라 내가 사흘 동안에 일으키리라
20. 유대인들이 이르되 이 성전은 사십육 년 동안
에 지었거늘 네가 삼 일 동안에 일으키겠느냐
하더라
21. 그러나 예수는 성전된 자기 육체를 가리켜 말
씀하신 것이라

22. 죽은 자 가운데서 살아나신 후에야 제자들이
이 말씀하신 것을 기억하고 성경과 예수께서
하신 말씀을 믿었더라

예수는 사람의 마음속을 아신다

23. 유월절에 예수께서 예루살렘에 계시니 많은
사람이 그의 행하시는 표적을 보고 그의 이름
을 믿었으나
24. 예수는 그의 몸을 그들에게 의탁하지 아니하
셨으니 이는 친히 모든 사람을 아심이요
25. 또 사람에 대하여 누구의 증언도 받으실 필요
가 없었으니 이는 그가 친히 사람의 속에 있는
것을 아셨음이니라

마음에 와닿는 말씀에 색연필이나 형광펜으로 줄을 치고 묵상해 보세요.

예수님 말씀에 순종하게 해주세요

사랑하는 하나님 아버지,
갈릴리 가나에서 있었던 혼인잔치에 대한 말씀을 읽었어요.
잔치가 한참 진행 중인데 갑자기 포도주가 떨어지니
얼마나 당황했을까요?
그러나 예수님이 하인들에게 항아리에 물을 가득 채우라고
말씀하시자 물이 즉시 포도주로 변했어요.
연회장은 그 맛있는 포도주가 어디서 온 것인지 몰랐지만
예수님의 명령을 들었던 하인들은 그 비밀을 알고 있었지요.

주님, 저도 예수님의 말씀에 순종하는 사람이 되게 해주세요.
비록 예수님의 말씀이 이해되지 않고 어렵더라도
예수님을 믿고 기꺼이 순종하고 싶어요.
그래서 포도주의 비밀을 알았던 하인들처럼
예수님과 저만의 놀라운 비밀들을 간직하게 해주세요.
예수님의 이름으로 기도드립니다. 아멘.

예수와 니고데모

1. 그런데 바리새인 중에 니고데모라 하는 사람이
있으니 유대인의 지도자라
2. 그가 밤에 예수께 와서 이르되 랍비여 우리가
당신은 하나님께로부터 오신 선생인 줄 아나
이다 하나님이 함께 하시지 아니하시면 당신
이 행하시는 이 표적을 아무도 할 수 없음이니
이다
3. 예수께서 대답하여 이르시되 진실로 진실로 네
게 이르노니 사람이 거듭나지 아니하면 하나
님의 나라를 볼 수 없느니라
4. 니고데모가 이르되 사람이 늙으면 어떻게 날
수 있사옵나이까 두 번째 모태에 들어갔다가
날 수 있사옵나이까
5. 예수께서 대답하시되 진실로 진실로 네게 이르
노니 사람이 물과 성령으로 나지 아니하면 하
나님의 나라에 들어갈 수 없느니라

6. 육으로 난 것은 육이요 영으로 난 것은 영이니
7. 내가 네게 거듭나야 하겠다 하는 말을 놀랍게
여기지 말라
8. 바람이 임의로 불매 네가 그 소리는 들어도 어
디서 와서 어디로 가는지 알지 못하나니 성령
으로 난 사람도 다 그러하니라
9. 니고데모가 대답하여 이르되 어찌 그러한 일이
있을 수 있나이까
10. 예수께서 그에게 대답하여 이르시되 너는 이
스라엘의 선생으로서 이러한 것들을 알지 못
하느냐
11. 진실로 진실로 네게 이르노니 우리는 아는 것
을 말하고 본 것을 증언하노라 그러나 너희가
우리의 증언을 받지 아니하는도다
12. 내가 땅의 일을 말하여도 너희가 믿지 아니하
거든 하물며 하늘의 일을 말하면 어떻게 믿겠
느냐

13. 하늘에서 내려온 자 곧 인자 외에는 하늘에 올
라간 자가 없느니라
14. 모세가 광야에서 뱀을 든 것같이 인자도 들려
야 하리니
15. 이는 그를 믿는 자마다 영생을 얻게 하려 하심
이니라
16. 하나님이 세상을 이처럼 사랑하사 독생자를
주셨으니 이는 그를 믿는 자마다 멸망하지 않
고 영생을 얻게 하려 하심이라
17. 하나님이 그 아들을 세상에 보내신 것은 세상
을 심판하려 하심이 아니요 그로 말미암아 세
상이 구원을 받게 하려 하심이라
18. 그를 믿는 자는 심판을 받지 아니하는 것이요
믿지 아니하는 자는 하나님의 독생자의 이름
을 믿지 아니하므로 벌써 심판을 받은 것이
니라
19. 그 정죄는 이것이니 곧 빛이 세상에 왔으되 사

람들이 자기 행위가 악하므로 빛보다 어둠을
더 사랑한 것이니라
20. 악을 행하는 자마다 빛을 미워하여 빛으로 오
지 아니하나니 이는 그 행위가 드러날까 함
이요
21. 진리를 따르는 자는 빛으로 오나니 이는 그 행
위가 하나님 안에서 행한 것임을 나타내려 함
이라 하시니라

그는 흥하고 나는 쇠하여야 하리라

22. 그 후에 예수께서 제자들과 유대 땅으로 가서
거기 함께 유하시며 세례를 베푸시더라
23. 요한도 살렘 가까운 애논에서 세례를 베푸니
거기 물이 많음이라 그러므로 사람들이 와서
세례를 받더라
24. 요한이 아직 옥에 갇히지 아니하였더라
25. 이에 요한의 제자 중에서 한 유대인과 더불어
정결예식에 대하여 변론이 되었더니

26. 그들이 요한에게 가서 이르되 랍비여 선생님
과 함께 요단 강 저편에 있던 이 곧 선생님이
증언하시던 이가 세례를 베풀매 사람이 다 그
에게로 가더이다
27. 요한이 대답하여 이르되 만일 하늘에서 주신
바 아니면 사람이 아무 것도 받을 수 없느니라
28. 내가 말한 바 나는 그리스도가 아니요 그의 앞
에 보내심을 받은 자라고 한 것을 증언할 자는
너희니라
29. 신부를 취하는 자는 신랑이나 서서 신랑의 음
성을 듣는 친구가 크게 기뻐하나니 나는 이러
한 기쁨으로 충만하였노라
30. 그는 흥하여야 하겠고 나는 쇠하여야 하리라
하니라

하늘로부터 오시는 이

31. 위로부터 오시는 이는 만물 위에 계시고 땅에
서 난 이는 땅에 속하여 땅에 속한 것을 말하

느니라 하늘로부터 오시는 이는 만물 위에 계
시나니
32. 그가 친히 보고 들은 것을 증언하되 그의 증언
을 받는 자가 없도다
33. 그의 증언을 받는 자는 하나님이 참되시다는
것을 인쳤느니라
34. 하나님이 보내신 이는 하나님의 말씀을 하나
니 이는 하나님이 성령을 한량 없이 주심이
니라
35. 아버지께서 아들을 사랑하사 만물을 다 그의
손에 주셨으니
36. 아들을 믿는 자에게는 영생이 있고 아들에게
순종하지 아니하는 자는 영생을 보지 못하고
도리어 하나님의 진노가 그 위에 머물러 있느
니라

마음에 와닿는 말씀에 색연필이나 형광펜으로 줄을 치고 묵상해 보세요.

예수님을 전하는 어린이가 되게 해주세요

사랑하는 하나님 아버지,
예수님께서 니고데모에게 사람이 물과 성령으로 거듭나지 않으면
하나님 나라에 들어갈 수 없다고 말씀하시는 것을 읽었어요.
저는 거듭남이 뭔지 아직 잘 모르지만
저도 물과 성령으로 거듭나서 하나님 나라에 들어가고 싶어요.

그리고 하나님이 이 세상을 너무 사랑하셔서
그분의 외아들 예수님을 우리에게 주셨다는 말씀도 읽었어요.
예수님을 믿는 사람들은 멸망하지 않고 영생을 얻게 되는데
영생을 얻는 사람들은 심판을 받지 않고 구원을 받게 된다고 해요.
예수님으로 인해 제가 무서운 심판을 받지 않고
구원을 받게 되어 얼마나 감사한지 몰라요.
저는 예수님을 믿고 구원을 받았으니까
친구들도 예수님을 믿을 수 있도록 복음을 전하고 싶어요.
제가 담대하게 복음을 전할 수 있도록 도와주세요.
예수님의 이름으로 기도드립니다. 아멘.

사마리아 여자와 말씀하시다

1. 예수께서 제자를 삼고 세례를 베푸시는 것이
요한보다 많다 하는 말을 바리새인들이 들은
줄을 주께서 아신지라
2. (예수께서 친히 세례를 베푸신 것이 아니요 제
자들이 베푼 것이라)
3. 유대를 떠나사 다시 갈릴리로 가실새
4. 사마리아를 통과하여야 하겠는지라
5. 사마리아에 있는 수가라 하는 동네에 이르시니
야곱이 그 아들 요셉에게 준 땅이 가깝고
6. 거기 또 야곱의 우물이 있더라 예수께서 길 가
시다가 피곤하여 우물 곁에 그대로 앉으시니
때가 여섯 시쯤 되었더라
7. 사마리아 여자 한 사람이 물을 길으러 왔으매
예수께서 물을 좀 달라 하시니
8. 이는 제자들이 먹을 것을 사러 그 동네에 들어
갔음이러라

9. 사마리아 여자가 이르되 당신은 유대인으로서
어찌하여 사마리아 여자인 나에게 물을 달라
하나이까 하니 이는 유대인이 사마리아인과
상종하지 아니함이러라
10. 예수께서 대답하여 이르시되 네가 만일 하나
님의 선물과 또 네게 물 좀 달라 하는 이가 누
구인 줄 알았더라면 네가 그에게 구하였을 것
이요 그가 생수를 네게 주었으리라
11. 여자가 이르되 주여 물 길을 그릇도 없고 이
우물은 깊은데 어디서 당신이 그 생수를 얻겠
사옵나이까
12. 우리 조상 야곱이 이 우물을 우리에게 주셨고
또 여기서 자기와 자기 아들들과 짐승이 다 마
셨는데 당신이 야곱보다 더 크니이까
13. 예수께서 대답하여 이르시되 이 물을 마시는
자마다 다시 목마르려니와
14. 내가 주는 물을 마시는 자는 영원히 목마르지

아니하리니 내가 주는 물은 그 속에서 영생하
도록 솟아나는 샘물이 되리라
15. 여자가 이르되 주여 그런 물을 내게 주사 목마
르지도 않고 또 여기 물 길으러 오지도 않게
하옵소서
16. 이르시되 가서 네 남편을 불러 오라
17. 여자가 대답하여 이르되 나는 남편이 없나이
다 예수께서 이르시되 네가 남편이 없다 하는
말이 옳도다
18. 너에게 남편 다섯이 있었고 지금 있는 자도 네
남편이 아니니 네 말이 참되도다
19. 여자가 이르되 주여 내가 보니 선지자로소
이다
20. 우리 조상들은 이 산에서 예배하였는데 당신
들의 말은 예배할 곳이 예루살렘에 있다 하더
이다
21. 예수께서 이르시되 여자여 내 말을 믿으라 이

산에서도 말고 예루살렘에서도 말고 너희가
아버지께 예배할 때가 이르리라
22. 너희는 알지 못하는 것을 예배하고 우리는 아
는 것을 예배하노니 이는 구원이 유대인에게
서 남이라
23. 아버지께 참되게 예배하는 자들은 영과 진리
로 예배할 때가 오나니 곧 이 때라 아버지께서
는 자기에게 이렇게 예배하는 자들을 찾으시
느니라
24. 하나님은 영이시니 예배하는 자가 영과 진리
로 예배할지니라
25. 여자가 이르되 메시야 곧 그리스도라 하는 이
가 오실 줄을 내가 아노니 그가 오시면 모든
것을 우리에게 알려 주시리이다
26. 예수께서 이르시되 네게 말하는 내가 그라 하
시니라
27. 이 때에 제자들이 돌아와서 예수께서 여자와

말씀하시는 것을 이상히 여겼으나 무엇을 구
하시나이까 어찌하여 그와 말씀하시나이까
묻는 자가 없더라
28. 여자가 물동이를 버려 두고 동네로 들어가서
사람들에게 이르되
29. 내가 행한 모든 일을 내게 말한 사람을 와서
보라 이는 그리스도가 아니냐 하니
30. 그들이 동네에서 나와 예수께로 오더라
31. 그 사이에 제자들이 청하여 이르되 랍비여 잡
수소서
32. 이르시되 내게는 너희가 알지 못하는 먹을 양
식이 있느니라
33. 제자들이 서로 말하되 누가 잡수실 것을 갖다
드렸는가 하니
34. 예수께서 이르시되 나의 양식은 나를 보내신
이의 뜻을 행하며 그의 일을 온전히 이루는 이
것이니라

35. 너희는 넉 달이 지나야 추수할 때가 이르겠다
하지 아니하느냐 그러나 나는 너희에게 이르
노니 너희 눈을 들어 밭을 보라 희어져 추수하
게 되었도다
36. 거두는 자가 이미 삯도 받고 영생에 이르는 열
매를 모으나니 이는 뿌리는 자와 거두는 자가
함께 즐거워하게 하려 함이라
37. 그런즉 한 사람이 심고 다른 사람이 거둔다 하
는 말이 옳도다
38. 내가 너희로 노력하지 아니한 것을 거두러 보
내었노니 다른 사람들은 노력하였고 너희는
그들이 노력한 것에 참여하였느니라
39. 여자의 말이 내가 행한 모든 것을 그가 내게
말하였다 증언하므로 그 동네 중에 많은 사마
리아인이 예수를 믿는지라
40. 사마리아인들이 예수께 와서 자기들과 함께
유하시기를 청하니 거기서 이틀을 유하시매

41. 예수의 말씀으로 말미암아 믿는 자가 더욱
많아

42. 그 여자에게 말하되 이제 우리가 믿는 것은 네
말로 인함이 아니니 이는 우리가 친히 듣고 그
가 참으로 세상의 구주신 줄 앎이라 하였더라

왕의 신하의 아들을 고치시다

43. 이틀이 지나매 예수께서 거기를 떠나 갈릴리
로 가시며

44. 친히 증언하시기를 선지자가 고향에서는 높
임을 받지 못한다 하시고

45. 갈릴리에 이르시매 갈릴리인들이 그를 영접
하니 이는 자기들도 명절에 갔다가 예수께서
명절중 예루살렘에서 하신 모든 일을 보았음
이더라

46. 예수께서 다시 갈릴리 가나에 이르시니 전에
물로 포도주를 만드신 곳이라 왕의 신하가 있
어 그의 아들이 가버나움에서 병들었더니

47. 그가 예수께서 유대로부터 갈릴리로 오셨다
는 것을 듣고 가서 청하되 내려오셔서 내 아들
의 병을 고쳐 주소서 하니 그가 거의 죽게 되
었음이라
48. 예수께서 이르시되 너희는 표적과 기사를 보
지 못하면 도무지 믿지 아니하리라
49. 신하가 이르되 주여 내 아이가 죽기 전에 내려
오소서
50. 예수께서 이르시되 가라 네 아들이 살아 있다
하시니 그 사람이 예수께서 하신 말씀을 믿고
가더니
51. 내려가는 길에서 그 종들이 오다가 만나서 아
이가 살아 있다 하거늘
52. 그 낫기 시작한 때를 물은즉 어제 일곱 시에
열기가 떨어졌나이다 하는지라
53. 그의 아버지가 예수께서 네 아들이 살아 있다
말씀하신 그 때인 줄 알고 자기와 그 온 집안

이 다 믿으니라

54. 이것은 예수께서 유대에서 갈릴리로 오신 후
에 행하신 두 번째 표적이니라

마음에 와닿는 말씀에 색연필이나 형광펜으로 줄을 치고 묵상해 보세요.

하나님을 예배하는 어린이가 되게 해주세요

사랑하는 하나님 아버지,
예수님이 사마리아 여인을 만난 이야기를 읽었어요.
예수님은 사마리아 여인의 형편을 모두 알고 계셨어요.
그리고 예수님이 주는 물을 마시는 자는 영원히 목마르지 않고
그 물은 영생하도록 솟아나는 샘물이 된다고 하셨지요.
그리고 하나님은 영이시기 때문에
영과 진리로 예배해야 한다고 말씀하셨어요.

사랑하는 주님,
저도 영과 진리로 예배하는 자가 되게 해주세요.
예배를 소중하게 여기고 마음을 다해 하나님께 예배함으로
하나님을 기쁘시게 해드릴 수 있도록 도와주세요.
예수님의 이름으로 기도드립니다. 아멘.

오래된 병을 고치시다

1. 그 후에 유대인의 명절이 되어 예수께서 예루
살렘에 올라가시니라
2. 예루살렘에 있는 양문 곁에 히브리 말로 베데
스다라 하는 못이 있는데 거기 행각 다섯이
있고
3. 그 안에 많은 병자, 맹인, 다리 저는 사람, 혈기
마른 사람들이 누워 [물의 움직임을 기다리니
4. 이는 천사가 가끔 못에 내려와 물을 움직이게
하는데 움직인 후에 먼저 들어가는 자는 어떤
병에 걸렸든지 낫게 됨이러라]
5. 거기 서른여덟 해 된 병자가 있더라
6. 예수께서 그 누운 것을 보시고 병이 벌써 오래
된 줄 아시고 이르시되 네가 낫고자 하느냐
7. 병자가 대답하되 주여 물이 움직일 때에 나를
못에 넣어 주는 사람이 없어 내가 가는 동안에
다른 사람이 먼저 내려가나이다

8. 예수께서 이르시되 일어나 네 자리를 들고 걸
어가라 하시니
9. 그 사람이 곧 나아서 자리를 들고 걸어가니라
이 날은 안식일이니
10. 유대인들이 병 나은 사람에게 이르되 안식일
인데 네가 자리를 들고 가는 것이 옳지 아니하
니라
11. 대답하되 나를 낫게 한 그가 자리를 들고 걸어
가라 하더라 하니
12. 그들이 묻되 너에게 자리를 들고 걸어가라 한
사람이 누구냐 하되
13. 고침을 받은 사람은 그가 누구인지 알지 못하
니 이는 거기 사람이 많으므로 예수께서 이미
피하셨음이라
14. 그 후에 예수께서 성전에서 그 사람을 만나 이
르시되 보라 네가 나았으니 더 심한 것이 생기
지 않게 다시는 죄를 범하지 말라 하시니

15. 그 사람이 유대인들에게 가서 자기를 고친 이
는 예수라 하니라
16. 그러므로 안식일에 이러한 일을 행하신다 하
여 유대인들이 예수를 박해하게 된지라
17. 예수께서 그들에게 이르시되 내 아버지께서
이제까지 일하시니 나도 일한다 하시매
18. 유대인들이 이로 말미암아 더욱 예수를 죽이
고자 하니 이는 안식일을 범할 뿐만 아니라 하
나님을 자기의 친 아버지라 하여 자기를 하나
님과 동등으로 삼으심이러라

아들의 권한

19. 그러므로 예수께서 그들에게 이르시되 내가
진실로 진실로 너희에게 이르노니 아들이 아
버지께서 하시는 일을 보지 않고는 아무 것도
스스로 할 수 없나니 아버지께서 행하시는 그
것을 아들도 그와 같이 행하느니라
20. 아버지께서 아들을 사랑하사 자기가 행하시

는 것을 다 아들에게 보이시고 또 그보다 더
큰 일을 보이사 너희로 놀랍게 여기게 하시
리라
21. 아버지께서 죽은 자들을 일으켜 살리심 같이
아들도 자기가 원하는 자들을 살리느니라
22. 아버지께서 아무도 심판하지 아니하시고 심
판을 다 아들에게 맡기셨으니
23. 이는 모든 사람으로 아버지를 공경하는 것같
이 아들을 공경하게 하려 하심이라 아들을 공
경하지 아니하는 자는 그를 보내신 아버지도
공경하지 아니하느니라
24. 내가 진실로 진실로 너희에게 이르노니 내 말
을 듣고 또 나 보내신 이를 믿는 자는 영생을
얻었고 심판에 이르지 아니하나니 사망에서
생명으로 옮겼느니라
25. 진실로 진실로 너희에게 이르노니 죽은 자들
이 하나님의 아들의 음성을 들을 때가 오나니

곧 이 때라 듣는 자는 살아나리라

26. 아버지께서 자기 속에 생명이 있음 같이 아들
에게도 생명을 주어 그 속에 있게 하셨고

27. 또 인자됨으로 말미암아 심판하는 권한을 주
셨느니라

28. 이를 놀랍게 여기지 말라 무덤 속에 있는 자가
다 그의 음성을 들을 때가 오나니

29. 선한 일을 행한 자는 생명의 부활로, 악한 일을
행한 자는 심판의 부활로 나오리라

예수를 믿게 하는 증언

30. 내가 아무 것도 스스로 할 수 없노라 듣는 대
로 심판하노니 나는 나의 뜻대로 하려 하지 않
고 나를 보내신 이의 뜻대로 하려 하므로 내
심판은 의로우니라

31. 내가 만일 나를 위하여 증언하면 내 증언은 참
되지 아니하되

32. 나를 위하여 증언하시는 이가 따로 있으니 나

를 위하여 증언하시는 그 증언이 참인 줄 아
노라
33. 너희가 요한에게 사람을 보내매 요한이 진리
에 대하여 증언하였느니라
34. 그러나 나는 사람에게서 증언을 취하지 아니
하노라 다만 이 말을 하는 것은 너희로 구원을
받게 하려 함이니라
35. 요한은 켜서 비추이는 등불이라 너희가 한때
그 빛에 즐거이 있기를 원하였거니와
36. 내게는 요한의 증거보다 더 큰 증거가 있으니
아버지께서 내게 주사 이루게 하시는 역사 곧
내가 하는 그 역사가 아버지께서 나를 보내신
것을 나를 위하여 증언하는 것이요
37. 또한 나를 보내신 아버지께서 친히 나를 위
하여 증언하셨느니라 너희는 아무 때에도 그
음성을 듣지 못하였고 그 형상을 보지 못하
였으며

38. 그 말씀이 너희 속에 거하지 아니하니 이는 그
가 보내신 이를 믿지 아니함이라
39. 너희가 성경에서 영생을 얻는 줄 생각하고 성
경을 연구하거니와 이 성경이 곧 내게 대하여
증언하는 것이니라
40. 그러나 너희가 영생을 얻기 위하여 내게 오기
를 원하지 아니하는도다
41. 나는 사람에게서 영광을 취하지 아니하노라
42. 다만 하나님을 사랑하는 것이 너희 속에 없음
을 알았노라
43. 나는 내 아버지의 이름으로 왔으매 너희가 영
접하지 아니하나 만일 다른 사람이 자기 이름
으로 오면 영접하리라
44. 너희가 서로 영광을 취하고 유일하신 하나님
께로부터 오는 영광은 구하지 아니하니 어찌
나를 믿을 수 있느냐
45. 내가 너희를 아버지께 고발할까 생각하지 말

라 너희를 고발하는 이가 있으니 곧 너희가 바
라는 자 모세니라
46. 모세를 믿었더라면 또 나를 믿었으리니 이는
그가 내게 대하여 기록하였음이라
47. 그러나 그의 글도 믿지 아니하거든 어찌 내 말
을 믿겠느냐 하시니라

마음에 와닿는 말씀에 색연필이나 형광펜으로 줄을 치고 묵상해 보세요.

아플 때 예수님께 기도하게 해주세요

사랑하는 하나님 아버지,
예수님이 베데스다 연못에서 병을 고치신 사건을 읽었어요.
예수님이 서른여덟 해 된 병자에게 "네가 낫고자 하느냐" 물으시고
"네 자리를 들고 걸어가라" 하시니
그 사람이 곧 나아서 자리를 들고 걸어가게 되었어요.
예수님은 정말 가장 탁월한 의사선생님이신 것 같아요.

앞으로 저는 아플 때 예수님께 기도하기로 결정했어요.
약도 먹고 병원에도 가야 되겠지만
가장 먼저 주님께 고쳐 달라고 기도하고 싶어요.
저만이 아니라 부모님이나 친구들이 아플 때도 기도하겠어요.
예수님의 이름으로 기도드립니다. 아멘.

오천 명을 먹이시다

1. 그 후에 예수께서 디베랴의 갈릴리 바다 건너
편으로 가시매
2. 큰 무리가 따르니 이는 병자들에게 행하시는
표적을 보았음이러라
3. 예수께서 산에 오르사 제자들과 함께 거기 앉
으시니
4. 마침 유대인의 명절인 유월절이 가까운지라
5. 예수께서 눈을 들어 큰 무리가 자기에게로 오는
것을 보시고 빌립에게 이르시되 우리가 어디서
떡을 사서 이 사람들을 먹이겠느냐 하시니
6. 이렇게 말씀하심은 친히 어떻게 하실지를 아시
고 빌립을 시험하고자 하심이라
7. 빌립이 대답하되 각 사람으로 조금씩 받게 할
지라도 이백 데나리온의 떡이 부족하리이다
8. 제자 중 하나 곧 시몬 베드로의 형제 안드레가
예수께 여짜오되

9. 여기 한 아이가 있어 보리떡 다섯 개와 물고기
두 마리를 가지고 있나이다 그러나 그것이 이
많은 사람에게 얼마나 되겠사옵나이까
10. 예수께서 이르시되 이 사람들로 앉게 하라 하
시니 그 곳에 잔디가 많은지라 사람들이 앉으
니 수가 오천 명쯤 되더라
11. 예수께서 떡을 가져 축사하신 후에 앉아 있는
자들에게 나눠 주시고 물고기도 그렇게 그들
의 원대로 주시니라
12. 그들이 배부른 후에 예수께서 제자들에게 이
르시되 남은 조각을 거두고 버리는 것이 없게
하라 하시므로
13. 이에 거두니 보리떡 다섯 개로 먹고 남은 조각
이 열두 바구니에 찼더라
14. 그 사람들이 예수께서 행하신 이 표적을 보고
말하되 이는 참으로 세상에 오실 그 선지자라
하더라

15. 그러므로 예수께서 그들이 와서 자기를 억지
로 붙들어 임금으로 삼으려는 줄 아시고 다시
혼자 산으로 떠나 가시니라

바다 위로 걸어오시다

16. 저물매 제자들이 바다에 내려가서
17. 배를 타고 바다를 건너 가버나움으로 가는데
이미 어두웠고 예수는 아직 그들에게 오시지
아니하셨더니
18. 큰 바람이 불어 파도가 일어나더라
19. 제자들이 노를 저어 십여 리쯤 가다가 예수께
서 바다 위로 걸어 배에 가까이 오심을 보고
두려워하거늘
20. 이르시되 내니 두려워하지 말라 하신대
21. 이에 기뻐서 배로 영접하니 배는 곧 그들이 가
려던 땅에 이르렀더라

생명의 떡

22. 이튿날 바다 건너편에 서 있던 무리가 배 한

척 외에 다른 배가 거기 없는 것과 또 어제 예
수께서 제자들과 함께 그 배에 오르지 아니하
시고 제자들만 가는 것을 보았더니
23. (그러나 디베랴에서 배들이 주께서 축사하신
후 여럿이 떡 먹던 그 곳에 가까이 왔더라)
24. 무리가 거기에 예수도 안 계시고 제자들도 없
음을 보고 곧 배들을 타고 예수를 찾으러 가버
나움으로 가서
25. 바다 건너편에서 만나 랍비여 언제 여기 오셨
나이까 하니
26. 예수께서 대답하여 이르시되 내가 진실로 진
실로 너희에게 이르노니 너희가 나를 찾는 것
은 표적을 본 까닭이 아니요 떡을 먹고 배부른
까닭이로다
27. 썩을 양식을 위하여 일하지 말고 영생하도록
있는 양식을 위하여 하라 이 양식은 인자가 너
희에게 주리니 인자는 아버지 하나님께서 인

치신 자니라
28. 그들이 묻되 우리가 어떻게 하여야 하나님의
일을 하오리이까
29. 예수께서 대답하여 이르시되 하나님께서 보
내신 이를 믿는 것이 하나님의 일이니라 하
시니
30. 그들이 묻되 그러면 우리가 보고 당신을 믿도
록 행하시는 표적이 무엇이니이까. 하시는 일
이 무엇이니이까
31. 기록된 바 하늘에서 그들에게 떡을 주어 먹게
하였다 함과 같이 우리 조상들은 광야에서 만
나를 먹었나이다
32. 예수께서 이르시되 내가 진실로 진실로 너희
에게 이르노니 모세가 너희에게 하늘로부터
떡을 준 것이 아니라 내 아버지께서 너희에게
하늘로부터 참 떡을 주시나니
33. 하나님의 떡은 하늘에서 내려 세상에 생명을

주는 것이니라

34. 그들이 이르되 주여 이 떡을 항상 우리에게 주
소서

35. 예수께서 이르시되 나는 생명의 떡이니 내게
오는 자는 결코 주리지 아니할 터이요 나를 믿
는 자는 영원히 목마르지 아니하리라

36. 그러나 내가 너희에게 이르기를 너희는 나를
보고도 믿지 아니하는도다 하였느니라

37. 아버지께서 내게 주시는 자는 다 내게로 올 것
이요 내게 오는 자는 내가 결코 내쫓지 아니하
리라

38. 내가 하늘에서 내려온 것은 내 뜻을 행하려 함
이 아니요 나를 보내신 이의 뜻을 행하려 함이
니라

39. 나를 보내신 이의 뜻은 내게 주신 자 중에 내
가 하나도 잃어버리지 아니하고 마지막 날에
다시 살리는 이것이니라

40. 내 아버지의 뜻은 아들을 보고 믿는 자마다 영
생을 얻는 이것이니 마지막 날에 내가 이를 다
시 살리리라 하시니라
41. 자기가 하늘에서 내려온 떡이라 하시므로 유
대인들이 예수에 대하여 수군거려
42. 이르되 이는 요셉의 아들 예수가 아니냐 그 부
모를 우리가 아는데 자기가 지금 어찌하여 하
늘에서 내려왔다 하느냐
43. 예수께서 대답하여 이르시되 너희는 서로 수
군거리지 말라
44. 나를 보내신 아버지께서 이끌지 아니하시면
아무도 내게 올 수 없으니 오는 그를 내가 마
지막 날에 다시 살리리라
45. 선지자의 글에 그들이 다 하나님의 가르치심
을 받으리라 기록되었은즉 아버지께 듣고 배
운 사람마다 내게로 오느니라
46. 이는 아버지를 본 자가 있다는 것이 아니니라

오직 하나님에게서 온 자만 아버지를 보았느
니라
47. 진실로 진실로 너희에게 이르노니 믿는 자는
영생을 가졌나니
48. 내가 곧 생명의 떡이니라
49. 너희 조상들은 광야에서 만나를 먹었어도 죽
었거니와
50. 이는 하늘에서 내려오는 떡이니 사람으로 하
여금 먹고 죽지 아니하게 하는 것이니라
51. 나는 하늘에서 내려온 살아 있는 떡이니 사람
이 이 떡을 먹으면 영생하리라 내가 줄 떡은
곧 세상의 생명을 위한 내 살이니라 하시니라
52. 그러므로 유대인들이 서로 다투어 이르되 이
사람이 어찌 능히 자기 살을 우리에게 주어 먹
게 하겠느냐
53. 예수께서 이르시되 내가 진실로 진실로 너희
에게 이르노니 인자의 살을 먹지 아니하고 인

자의 피를 마시지 아니하면 너희 속에 생명이
없느니라
54. 내 살을 먹고 내 피를 마시는 자는 영생을 가
졌고 마지막 날에 내가 그를 다시 살리리니
55. 내 살은 참된 양식이요 내 피는 참된 음료로다
56. 내 살을 먹고 내 피를 마시는 자는 내 안에 거
하고 나도 그의 안에 거하나니
57. 살아 계신 아버지께서 나를 보내시매 내가 아
버지로 말미암아 사는 것같이 나를 먹는 그 사
람도 나로 말미암아 살리라
58. 이것은 하늘에서 내려온 떡이니 조상들이 먹
고도 죽은 그것과 같지 아니하여 이 떡을 먹는
자는 영원히 살리라
59. 이 말씀은 예수께서 가버나움 회당에서 가르
치실 때에 하셨느니라

영생의 말씀

60. 제자 중 여럿이 듣고 말하되 이 말씀은 어렵도

다 누가 들을 수 있느냐 한대
61. 예수께서 스스로 제자들이 이 말씀에 대하여
수군거리는 줄 아시고 이르시되 이 말이 너희
에게 걸림이 되느냐
62. 그러면 너희는 인자가 이전에 있던 곳으로 올
라가는 것을 본다면 어떻게 하겠느냐
63. 살리는 것은 영이니 육은 무익하니라 내가 너
희에게 이른 말은 영이요 생명이라
64. 그러나 너희 중에 믿지 아니하는 자들이 있느
니라 하시니 이는 예수께서 믿지 아니하는 자
들이 누구며 자기를 팔 자가 누구인지 처음부
터 아심이러라
65. 또 이르시되 그러므로 전에 너희에게 말하기
를 내 아버지께서 오게 하여 주지 아니하시면
누구든지 내게 올 수 없다 하였노라 하시니라
66. 그 때부터 그의 제자 중에서 많은 사람이 떠나
가고 다시 그와 함께 다니지 아니하더라

67. 예수께서 열두 제자에게 이르시되 너희도 가
려느냐
68. 시몬 베드로가 대답하되 주여 영생의 말씀
이 주께 있사오니 우리가 누구에게로 가오
리이까
69. 우리가 주는 하나님의 거룩하신 자이신 줄 믿
고 알았사옵나이다
70. 예수께서 대답하시되 내가 너희 열둘을 택하
지 아니하였느냐 그러나 너희 중의 한 사람은
마귀니라 하시니
71. 이 말씀은 가룟 시몬의 아들 유다를 가리키심
이라 그는 열둘 중의 하나로 예수를 팔 자러라

마음에 와닿는 말씀에 색연필이나 형광펜으로 줄을 치고 묵상해 보세요.

예수님의 능력을 믿는 어린이가 되게 해주세요

사랑하는 하나님 아버지,
예수님이 보리떡 다섯 개와 물고기 두 마리로
오천 명을 먹이신 놀라운 말씀을 읽었어요.
예수님은 감사 기도를 하신 후 사람들에게 음식을
풍성하게 나눠 주셨지요.
그들이 배불리 먹고 남은 조각을 거두니까
열두 바구니에 가득 찼다고 해요.
예수님이 마술을 부리신 걸까요?
물고기와 떡이 계속 늘어나는 것을 본 사람들은
얼마나 신기했을까요?

예수님에게는 불가능한 일이 전혀 없으신 것 같아요.
예수님을 믿는 저에게도 불가능한 일이 없다는 것을
명심하고 싶어요.
제가 언제나 이것을 기억하고 살아가게 도와주세요.
예수님의 이름으로 기도드립니다. 아멘.

형제들까지도 예수를 믿지 아니하다

1. 그 후에 예수께서 갈릴리에서 다니시고 유대에
서 다니려 아니하심은 유대인들이 죽이려 함
이러라
2. 유대인의 명절인 초막절이 가까운지라
3. 그 형제들이 예수께 이르되 당신이 행하는 일
을 제자들도 보게 여기를 떠나 유대로 가소서
4. 스스로 나타나기를 구하면서 묻혀서 일하는 사
람이 없나니 이 일을 행하려 하거든 자신을 세
상에 나타내소서 하니
5. 이는 그 형제들까지도 예수를 믿지 아니함이
러라
6. 예수께서 이르시되 내 때는 아직 이르지 아니
하였거니와 너희 때는 늘 준비되어 있느니라
7. 세상이 너희를 미워하지 아니하되 나를 미워하
나니 이는 내가 세상의 일들을 악하다고 증언
함이라

8. 너희는 명절에 올라가라 내 때가 아직 차지 못
하였으니 나는 이 명절에 아직 올라가지 아니
하노라
9. 이 말씀을 하시고 갈릴리에 머물러 계시니라

명절을 지키러 올라가시다

10. 그 형제들이 명절에 올라간 후에 자기도 올라
가시되 나타내지 않고 은밀히 가시니라
11. 명절중에 유대인들이 예수를 찾으면서 그가
어디 있느냐 하고
12. 예수에 대하여 무리 중에서 수군거림이 많아
어떤 사람은 좋은 사람이라 하며 어떤 사람은
아니라 무리를 미혹한다 하나
13. 그러나 유대인들을 두려워하므로 드러나게
그에 대하여 말하는 자가 없더라
14. 이미 명절의 중간이 되어 예수께서 성전에 올
라가사 가르치시니
15. 유대인들이 놀랍게 여겨 이르되 이 사람은 배

우지 아니하였거늘 어떻게 글을 아느냐 하니
16. 예수께서 대답하여 이르시되 내 교훈은 내 것
이 아니요 나를 보내신 이의 것이니라
17. 사람이 하나님의 뜻을 행하려 하면 이 교훈이
하나님께로부터 왔는지 내가 스스로 말함인
지 알리라
18. 스스로 말하는 자는 자기 영광만 구하되 보내
신 이의 영광을 구하는 자는 참되니 그 속에
불의가 없느니라
19. 모세가 너희에게 율법을 주지 아니하였느냐
너희 중에 율법을 지키는 자가 없도다 너희가
어찌하여 나를 죽이려 하느냐
20. 무리가 대답하되 당신은 귀신이 들렸도다 누
가 당신을 죽이려 하나이까
21. 예수께서 대답하여 이르시되 내가 한 가지 일
을 행하매 너희가 다 이로 말미암아 이상히 여
기는도다

22. 모세가 너희에게 할례를 행했으니 (그러나 할
례는 모세에게서 난 것이 아니요 조상들에게
서 난 것이라) 그러므로 너희가 안식일에도 사
람에게 할례를 행하느니라
23. 모세의 율법을 범하지 아니하려고 사람이 안
식일에도 할례를 받는 일이 있거든 내가 안식
일에 사람의 전신을 건전하게 한 것으로 너희
가 내게 노여워하느냐
24. 외모로 판단하지 말고 공의롭게 판단하라 하
시니라

예수를 잡고자 하나

25. 예루살렘 사람 중에서 어떤 사람이 말하되 이
는 그들이 죽이고자 하는 그 사람이 아니냐
26. 보라 드러나게 말하되 그들이 아무 말도 아니
하는도다 당국자들은 이 사람을 참으로 그리
스도인 줄 알았는가
27. 그러나 우리는 이 사람이 어디서 왔는지 아노

라 그리스도께서 오실 때에는 어디서 오시는
지 아는 자가 없으리라 하는지라
28. 예수께서 성전에서 가르치시며 외쳐 이르시
되 너희가 나를 알고 내가 어디서 온 것도 알
거니와 내가 스스로 온 것이 아니니라 나를 보
내신 이는 참되시니 너희는 그를 알지 못하나
29. 나는 아노니 이는 내가 그에게서 났고 그가 나
를 보내셨음이라 하시니
30. 그들이 예수를 잡고자 하나 손을 대는 자가 없
으니 이는 그의 때가 아직 이르지 아니하였음
이러라
31. 무리 중의 많은 사람이 예수를 믿고 말하되 그
리스도께서 오실지라도 그 행하실 표적이 이
사람이 행한 것보다 더 많으랴 하니
32. 예수에 대하여 무리가 수군거리는 것이 바리
새인들에게 들린지라 대제사장들과 바리새인
들이 그를 잡으려고 아랫사람들을 보내니

33. 예수께서 이르시되 내가 너희와 함께 조금 더
있다가 나를 보내신 이에게로 돌아가겠노라
34. 너희가 나를 찾아도 만나지 못할 터이요 나 있
는 곳에 오지도 못하리라 하시니
35. 이에 유대인들이 서로 묻되 이 사람이 어디로
가기에 우리가 그를 만나지 못하리요 헬라인
중에 흩어져 사는 자들에게로 가서 헬라인을
가르칠 터인가
36. 나를 찾아도 만나지 못할 터이요 나 있는 곳
에 오지도 못하리라 한 이 말이 무슨 말이냐
하니라

배에서 생수의 강이 흘러나오리라

37. 명절 끝날 곧 큰 날에 예수께서 서서 외쳐 이
르시되 누구든지 목마르거든 내게로 와서 마
시라
38. 나를 믿는 자는 성경에 이름과 같이 그 배에서
생수의 강이 흘러나오리라 하시니

39. 이는 그를 믿는 자들이 받을 성령을 가리켜 말
씀하신 것이라 (예수께서 아직 영광을 받지 않
으셨으므로 성령이 아직 그들에게 계시지 아
니하시더라)
40. 이 말씀을 들은 무리 중에서 어떤 사람은 이
사람이 참으로 그 선지자라 하며
41. 어떤 사람은 그리스도라 하며 어떤 이들은 그
리스도가 어찌 갈릴리에서 나오겠느냐
42. 성경에 이르기를 그리스도는 다윗의 씨로 또
다윗이 살던 마을 베들레헴에서 나오리라 하
지 아니하였느냐 하며
43. 예수로 말미암아 무리 중에서 쟁론이 되니
44. 그 중에는 그를 잡고자 하는 자들도 있으나 손
을 대는 자가 없었더라

대제사장들과 바리새인들은 믿지 않다

45. 아랫사람들이 대제사장들과 바리새인들에게
로 오니 그들이 묻되 어찌하여 잡아오지 아니

하였느냐

46. 아랫사람들이 대답하되 그 사람이 말하는 것
처럼 말한 사람은 이 때까지 없었나이다 하니

47. 바리새인들이 대답하되 너희도 미혹되었느냐

48. 당국자들이나 바리새인 중에 그를 믿는 자가
있느냐

49. 율법을 알지 못하는 이 무리는 저주를 받은 자
로다

50. 그 중의 한 사람 곧 전에 예수께 왔던 니고데
모가 그들에게 말하되

51. 우리 율법은 사람의 말을 듣고 그 행한 것을
알기 전에 심판하느냐

52. 그들이 대답하여 이르되 너도 갈릴리에서 왔
느냐 찾아 보라 갈릴리에서는 선지자가 나지
못하느니라 하였더라

53. [다 각각 집으로 돌아가고

마음에 와닿는 말씀에 색연필이나 형광펜으로 줄을 치고 묵상해 보세요.

성령 충만하게 해주세요

사랑하는 하나님 아버지,
성령에 대한 예수님의 말씀을 읽었어요.
예수님은 "누구든지 목마르거든 내게로 와서 마시라
나를 믿는 자는 성경에 이름과 같이
그 배에서 생수의 강이 흘러나오리라"라고 말씀하셨어요.
이는 예수님을 믿는 사람들이 받을 성령을
의미하는 것임을 말씀을 통해 알게 되었지요.

주님, 저도 생수의 강이 흘러넘치고 싶어요.
엄마는 항상 성령 충만해야 한다고 말씀하시는데
성령님의 인도를 받으면 어떤 일이 일어날지 궁금해요.
늘 제 안에 성령님이 가득할 수 있도록 도와주세요.
그래서 성령님의 인도를 받는 삶을 살아가게 해주세요.
예수님의 이름으로 기도드립니다. 아멘.

음행중에 잡혀온 여자가 용서 받다

1. 예수는 감람 산으로 가시니라
2. 아침에 다시 성전으로 들어오시니 백성이 다
나아오는지라 앉으사 그들을 가르치시더니
3. 서기관들과 바리새인들이 음행중에 잡힌 여자
를 끌고 와서 가운데 세우고
4. 예수께 말하되 선생이여 이 여자가 간음하다가
현장에서 잡혔나이다
5. 모세는 율법에 이러한 여자를 돌로 치라 명하
였거니와 선생은 어떻게 말하겠나이까
6. 그들이 이렇게 말함은 고발할 조건을 얻고자
하여 예수를 시험함이러라 예수께서 몸을 굽
히사 손가락으로 땅에 쓰시니
7. 그들이 묻기를 마지 아니하는지라 이에 일어나
이르시되 너희 중에 죄 없는 자가 먼저 돌로 치
라 하시고
8. 다시 몸을 굽혀 손가락으로 땅에 쓰시니

9. 그들이 이 말씀을 듣고 양심에 가책을 느껴 어
른으로 시작하여 젊은이까지 하나씩 하나씩
나가고 오직 예수와 그 가운데 섰는 여자만 남
았더라
10. 예수께서 일어나사 여자 외에 아무도 없는 것
을 보시고 이르시되 여자여 너를 고발하던 그
들이 어디 있느냐 너를 정죄한 자가 없느냐
11. 대답하되 주여 없나이다 예수께서 이르시되
나도 너를 정죄하지 아니하노니 가서 다시는
죄를 범하지 말라 하시니라]

나는 세상의 빛

12. 예수께서 또 말씀하여 이르시되 나는 세상의
빛이니 나를 따르는 자는 어둠에 다니지 아니
하고 생명의 빛을 얻으리라
13. 바리새인들이 이르되 네가 너를 위하여 증언
하니 네 증언은 참되지 아니하도다
14. 예수께서 대답하여 이르시되 내가 나를 위하

여 증언하여도 내 증언이 참되니 나는 내가 어
디서 오며 어디로 가는 것을 알거니와 너희는
내가 어디서 오며 어디로 가는 것을 알지 못하
느니라
15. 너희는 육체를 따라 판단하나 나는 아무도 판
단하지 아니하노라
16. 만일 내가 판단하여도 내 판단이 참되니 이는
내가 혼자 있는 것이 아니요 나를 보내신 이가
나와 함께 계심이라
17. 너희 율법에도 두 사람의 증언이 참되다 기록
되었으니
18. 내가 나를 위하여 증언하는 자가 되고 나를 보
내신 아버지도 나를 위하여 증언하시느니라
19. 이에 그들이 묻되 네 아버지가 어디 있느냐 예
수께서 대답하시되 너희는 나를 알지 못하고
내 아버지도 알지 못하는도다 나를 알았더라
면 내 아버지도 알았으리라

20. 이 말씀은 성전에서 가르치실 때에 헌금함 앞
에서 하셨으나 잡는 사람이 없으니 이는 그의
때가 아직 이르지 아니하였음이러라

내가 가는 곳

21. 다시 이르시되 내가 가리니 너희가 나를 찾다
가 너희 죄 가운데서 죽겠고 내가 가는 곳에는
너희가 오지 못하리라
22. 유대인들이 이르되 그가 말하기를 내가 가는
곳에는 너희가 오지 못하리라 하니 그가 자결
하려는가
23. 예수께서 이르시되 너희는 아래에서 났고 나
는 위에서 났으며 너희는 이 세상에 속하였고
나는 이 세상에 속하지 아니하였느니라
24. 그러므로 내가 너희에게 말하기를 너희가 너
희 죄 가운데서 죽으리라 하였노라 너희가 만
일 내가 그인 줄 믿지 아니하면 너희 죄 가운
데서 죽으리라

25. 그들이 말하되 네가 누구냐 예수께서 이르시
되 나는 처음부터 너희에게 말하여 온 자니라
26. 내가 너희에게 대하여 말하고 판단할 것이 많
으나 나를 보내신 이가 참되시매 내가 그에게
들은 그것을 세상에 말하노라 하시되
27. 그들은 아버지를 가리켜 말씀하신 줄을 깨닫
지 못하더라
28. 이에 예수께서 이르시되 너희가 인자를 든 후
에 내가 그인 줄을 알고 또 내가 스스로 아무
것도 하지 아니하고 오직 아버지께서 가르치
신 대로 이런 것을 말하는 줄도 알리라
29. 나를 보내신 이가 나와 함께 하시도다 나는 항
상 그가 기뻐하시는 일을 행하므로 나를 혼자
두지 아니하셨느니라
30. 이 말씀을 하시매 많은 사람이 믿더라

진리가 너희를 자유롭게 하리라

31. 그러므로 예수께서 자기를 믿은 유대인들에

게 이르시되 너희가 내 말에 거하면 참으로 내
제자가 되고
32. 진리를 알지니 진리가 너희를 자유롭게 하
리라
33. 그들이 대답하되 우리가 아브라함의 자손이
라 남의 종이 된 적이 없거늘 어찌하여 우리가
자유롭게 되리라 하느냐
34. 예수께서 대답하시되 진실로 진실로 너희에
게 이르노니 죄를 범하는 자마다 죄의 종이라
35. 종은 영원히 집에 거하지 못하되 아들은 영원
히 거하나니
36. 그러므로 아들이 너희를 자유롭게 하면 너희
가 참으로 자유로우리라
37. 나도 너희가 아브라함의 자손인 줄 아노라 그
러나 내 말이 너희 안에 있을 곳이 없으므로
나를 죽이려 하는도다
38. 나는 내 아버지에게서 본 것을 말하고 너희는

너희 아비에게서 들은 것을 행하느니라
39. 대답하여 이르되 우리 아버지는 아브라함이
라 하니 예수께서 이르시되 너희가 아브라함
의 자손이면 아브라함이 행한 일들을 할 것이
거늘
40. 지금 하나님께 들은 진리를 너희에게 말한 사
람인 나를 죽이려 하는도다 아브라함은 이렇
게 하지 아니하였느니라
41. 너희는 너희 아비가 행한 일들을 하는도다 대
답하되 우리가 음란한 데서 나지 아니하였고
아버지는 한 분뿐이시니 곧 하나님이시로다
42. 예수께서 이르시되 하나님이 너희 아버지였
으면 너희가 나를 사랑하였으리니 이는 내가
하나님께로부터 나와서 왔음이라 나는 스스
로 온 것이 아니요 아버지께서 나를 보내신 것
이니라
43. 어찌하여 내 말을 깨닫지 못하느냐 이는 내 말

을 들을 줄 알지 못함이로다
44. 너희는 너희 아비 마귀에게서 났으니 너희 아
비의 욕심대로 너희도 행하고자 하느니라 그
는 처음부터 살인한 자요 진리가 그 속에 없으
므로 진리에 서지 못하고 거짓을 말할 때마다
제 것으로 말하나니 이는 그가 거짓말쟁이요
거짓의 아비가 되었음이라
45. 내가 진리를 말하므로 너희가 나를 믿지 아니
하는도다
46. 너희 중에 누가 나를 죄로 책잡겠느냐 내가 진
리를 말하는데도 어찌하여 나를 믿지 아니하
느냐
47. 하나님께 속한 자는 하나님의 말씀을 듣나니
너희가 듣지 아니함은 하나님께 속하지 아니
하였음이로다
48. 유대인들이 대답하여 이르되 우리가 너를 사
마리아 사람이라 또는 귀신이 들렸다 하는 말

이 옳지 아니하냐

49. 예수께서 대답하시되 나는 귀신 들린 것이 아

니라 오직 내 아버지를 공경함이거늘 너희가

나를 무시하는도다

50. 나는 내 영광을 구하지 아니하나 구하고 판단

하시는 이가 계시니라

51. 진실로 진실로 너희에게 이르노니 사람이 내

말을 지키면 영원히 죽음을 보지 아니하리라

52. 유대인들이 이르되 지금 네가 귀신 들린 줄을

아노라 아브라함과 선지자들도 죽었거늘 네

말은 사람이 내 말을 지키면 영원히 죽음을 맛

보지 아니하리라 하니

53. 너는 이미 죽은 우리 조상 아브라함보다 크냐

또 선지자들도 죽었거늘 너는 너를 누구라 하

느냐

54. 예수께서 대답하시되 내가 내게 영광을 돌리

면 내 영광이 아무 것도 아니거니와 내게 영광

을 돌리시는 이는 내 아버지시니 곧 너희가 너
희 하나님이라 칭하는 그이시라
55. 너희는 그를 알지 못하되 나는 아노니 만일 내
가 알지 못한다 하면 나도 너희 같이 거짓말쟁
이가 되리라 나는 그를 알고 또 그의 말씀을
지키노라
56. 너희 조상 아브라함은 나의 때 볼 것을 즐거워
하다가 보고 기뻐하였느니라
57. 유대인들이 이르되 네가 아직 오십 세도 못되
었는데 아브라함을 보았느냐
58. 예수께서 이르시되 진실로 진실로 너희에게
이르노니 아브라함이 나기 전부터 내가 있느
니라 하시니
59. 그들이 돌을 들어 치려 하거늘 예수께서 숨어
성전에서 나가시니라

마음에 와닿는 말씀에 색연필이나 형광펜으로 줄을 치고 묵상해 보세요.

하나님이 기뻐하시는 일을 하게 해주세요

사랑하는 하나님 아버지,
예수님은 "나를 보내신 이가 나와 함께하시도다
나는 항상 그가 기뻐하시는 일을 행하므로
나를 혼자 두지 아니하셨느니라"라고 하셨어요.

저는 이 말씀을 많이 생각해 봤어요.
하나님이 예수님을 이 땅에 보내셨는데
하나님이 항상 예수님과 함께하시기 때문에
예수님은 하나님이 기뻐하시는 일을 할 수 있으셨어요.
그래서 하나님은 예수님을 혼자 두시지 않으셨지요.

주님, 저도 예수님처럼 하나님 아버지가
기뻐하시는 일을 하는 사람이 되게 해주세요.
어떤 일을 할 때마다 항상 하나님이 기뻐하시는 일인지
한 번 더 생각하도록 인도해 주세요.
그리고 언제나 저와 함께해 주세요.
예수님의 이름으로 기도드립니다. 아멘.

날 때부터 맹인 된 사람을 고치시다

1. 예수께서 길을 가실 때에 날 때부터 맹인 된 사
람을 보신지라
2. 제자들이 물어 이르되 랍비여 이 사람이 맹인
으로 난 것이 누구의 죄로 인함이니이까 자기
니이까 그의 부모니이까
3. 예수께서 대답하시되 이 사람이나 그 부모의
죄로 인한 것이 아니라 그에게서 하나님이 하
시는 일을 나타내고자 하심이라
4. 때가 아직 낮이매 나를 보내신 이의 일을 우리
가 하여야 하리라 밤이 오리니 그 때는 아무도
일할 수 없느니라
5. 내가 세상에 있는 동안에는 세상의 빛이로라
6. 이 말씀을 하시고 땅에 침을 뱉어 진흙을 이겨
그의 눈에 바르시고
7. 이르시되 실로암 못에 가서 씻으라 하시니 (실
로암은 번역하면 보냄을 받았다는 뜻이라) 이

에 가서 씻고 밝은 눈으로 왔더라

8. 이웃 사람들과 전에 그가 걸인인 것을 보았던
사람들이 이르되 이는 앉아서 구걸하던 자가
아니냐

9. 어떤 사람은 그 사람이라 하며 어떤 사람은 아
니라 그와 비슷하다 하거늘 자기 말은 내가 그
라 하니

10. 그들이 묻되 그러면 네 눈이 어떻게 떠졌느냐

11. 대답하되 예수라 하는 그 사람이 진흙을 이겨
내 눈에 바르고 나더러 실로암에 가서 씻으라
하기에 가서 씻었더니 보게 되었노라

12. 그들이 이르되 그가 어디 있느냐 이르되 알지
못하노라 하니라

보게 된 맹인과 바리새인들

13. 그들이 전에 맹인이었던 사람을 데리고 바리
새인들에게 갔더라

14. 예수께서 진흙을 이겨 눈을 뜨게 하신 날은 안

식일이라
15. 그러므로 바리새인들도 그가 어떻게 보게 되
었는지를 물으니 이르되 그 사람이 진흙을 내
눈에 바르매 내가 씻고 보나이다 하니
16. 바리새인 중에 어떤 사람은 말하되 이 사람이
안식일을 지키지 아니하니 하나님께로부터
온 자가 아니라 하며 어떤 사람은 말하되 죄인
으로서 어떻게 이러한 표적을 행하겠느냐 하
여 그들 중에 분쟁이 있었더니
17. 이에 맹인되었던 자에게 다시 묻되 그 사람이
네 눈을 뜨게 하였으니 너는 그를 어떠한 사람
이라 하느냐 대답하되 선지자니이다 하니
18. 유대인들이 그가 맹인으로 있다가 보게 된 것
을 믿지 아니하고 그 부모를 불러 묻되
19. 이는 너희 말에 맹인으로 났다 하는 너희 아들
이냐 그러면 지금은 어떻게 해서 보느냐
20. 그 부모가 대답하여 이르되 이 사람이 우리 아

들인 것과 맹인으로 난 것을 아나이다
21. 그러나 지금 어떻게 해서 보는지 또는 누가 그
눈을 뜨게 하였는지 우리는 알지 못하나이다
그에게 물어 보소서 그가 장성하였으니 자기
일을 말하리이다
22. 그 부모가 이렇게 말한 것은 이미 유대인들이
누구든지 예수를 그리스도로 시인하는 자는
출교하기로 결의하였으므로 그들을 무서워함
이러라
23. 이러므로 그 부모가 말하기를 그가 장성하였
으니 그에게 물어 보소서 하였더라
24. 이에 그들이 맹인이었던 사람을 두 번째 불러
이르되 너는 하나님께 영광을 돌리라 우리는
이 사람이 죄인인 줄 아노라
25. 대답하되 그가 죄인인지 내가 알지 못하나 한
가지 아는 것은 내가 맹인으로 있다가 지금 보
는 그것이니이다

26. 그들이 이르되 그 사람이 네게 무엇을 하였느
나 어떻게 네 눈을 뜨게 하였느냐
27. 대답하되 내가 이미 일렀어도 듣지 아니하고
어찌하여 다시 듣고자 하나이까 당신들도 그
의 제자가 되려 하나이까
28. 그들이 욕하여 이르되 너는 그의 제자이나 우
리는 모세의 제자라
29. 하나님이 모세에게는 말씀하신 줄을 우리가
알거니와 이 사람은 어디서 왔는지 알지 못하
노라
30. 그 사람이 대답하여 이르되 이상하다 이 사람
이 내 눈을 뜨게 하였으되 당신들은 그가 어디
서 왔는지 알지 못하는도다
31. 하나님이 죄인의 말을 듣지 아니하시고 경건
하여 그의 뜻대로 행하는 자의 말은 들으시는
줄을 우리가 아나이다
32. 창세 이후로 맹인으로 난 자의 눈을 뜨게 하였

다 함을 듣지 못하였으니

33. 이 사람이 하나님께로부터 오지 아니하였으
면 아무 일도 할 수 없으리이다

34. 그들이 대답하여 이르되 네가 온전히 죄 가운
데서 나서 우리를 가르치느냐 하고 이에 쫓아
내어 보내니라

맹인이 되었더라면 죄가 없으려니와

35. 예수께서 그들이 그 사람을 쫓아냈다 하는 말
을 들으셨더니 그를 만나사 이르시되 네가 인
자를 믿느냐

36. 대답하여 이르되 주여 그가 누구시오니이까
내가 믿고자 하나이다

37. 예수께서 이르시되 네가 그를 보았거니와 지
금 너와 말하는 자가 그이니라

38. 이르되 주여 내가 믿나이다 하고 절하는지라

39. 예수께서 이르시되 내가 심판하러 이 세상에
왔으니 보지 못하는 자들은 보게 하고 보는 자

들은 맹인이 되게 하려 함이라 하시니
40. 바리새인 중에 예수와 함께 있던 자들이 이 말
씀을 듣고 이르되 우리도 맹인인가
41. 예수께서 이르시되 너희가 맹인이 되었더라
면 죄가 없으려니와 본다고 하니 너희 죄가 그
대로 있느니라

마음에 와닿는 말씀에 색연필이나 형광펜으로 줄을 치고 묵상해 보세요.

의심하지 않고 예수님을 믿게 해주세요

사랑하는 하나님 아버지,
날 때부터 볼 수 없는 맹인에 대한 말씀을 읽었어요.
예수님이 맹인의 눈을 고치셨는데
바리새인들은 이것을 믿지 못하고 의심했어요.
그 모습이 참 어리석게 느껴졌어요.

주님, 저는 예수님이 맹인의 눈을 뜨게 해주신 것을 믿어요.
예수님은 하나님의 아들이시기 때문에
못하실 일이 하나도 없으시지요.
주님, 제 안에 있는 모든 의심은 사라지고
예수님을 온전하게 믿게 해주세요.
예수님의 이름으로 기도드립니다. 아멘.

양의 우리 비유

1. 내가 진실로 진실로 너희에게 이르노니 문을
통하여 양의 우리에 들어가지 아니하고 다른
데로 넘어가는 자는 절도며 강도요
2. 문으로 들어가는 이는 양의 목자라
3. 문지기는 그를 위하여 문을 열고 양은 그의 음
성을 듣나니 그가 자기 양의 이름을 각각 불러
인도하여 내느니라
4. 자기 양을 다 내놓은 후에 앞서 가면 양들이 그
의 음성을 아는 고로 따라오되
5. 타인의 음성은 알지 못하는 고로 타인을 따르
지 아니하고 도리어 도망하느니라
6. 예수께서 이 비유로 그들에게 말씀하셨으나
그들은 그가 하신 말씀이 무엇인지 알지 못하
니라

선한 목자

7. 그러므로 예수께서 다시 이르시되 내가 진실로

진실로 너희에게 말하노니 나는 양의 문이라
8. 나보다 먼저 온 자는 다 절도요 강도니 양들이
듣지 아니하였느니라
9. 내가 문이니 누구든지 나로 말미암아 들어가면
구원을 받고 또는 들어가며 나오며 꼴을 얻으
리라
10. 도둑이 오는 것은 도둑질하고 죽이고 멸망시
키려는 것뿐이요 내가 온 것은 양으로 생명을
얻게 하고 더 풍성히 얻게 하려는 것이라
11. 나는 선한 목자라 선한 목자는 양들을 위하여
목숨을 버리거니와
12. 삯꾼은 목자가 아니요 양도 제 양이 아니라 이
리가 오는 것을 보면 양을 버리고 달아나나니
이리가 양을 물어 가고 또 헤치느니라
13. 달아나는 것은 그가 삯꾼인 까닭에 양을 돌보
지 아니함이나
14. 나는 선한 목자라 나는 내 양을 알고 양도 나

를 아는 것이
15. 아버지께서 나를 아시고 내가 아버지를 아는
것 같으니 나는 양을 위하여 목숨을 버리노라
16. 또 이 우리에 들지 아니한 다른 양들이 내게
있어 내가 인도하여야 할 터이니 그들도 내
음성을 듣고 한 무리가 되어 한 목자에게 있
으리라
17. 내가 내 목숨을 버리는 것은 그것을 내가 다시
얻기 위함이니 이로 말미암아 아버지께서 나
를 사랑하시느니라
18. 이를 내게서 빼앗는 자가 있는 것이 아니라 내
가 스스로 버리노라 나는 버릴 권세도 있고 다
시 얻을 권세도 있으니 이 계명은 내 아버지에
게서 받았노라 하시니라
19. 이 말씀으로 말미암아 유대인 중에 다시 분쟁
이 일어나니
20. 그 중에 많은 사람이 말하되 그가 귀신 들려

미쳤거늘 어찌하여 그 말을 듣느냐 하며
21. 어떤 사람은 말하되 이 말은 귀신 들린 자의
말이 아니라 귀신이 맹인의 눈을 뜨게 할 수
있느냐 하더라

유대인들이 예수를 돌로 치려 하다

22. 예루살렘에 수전절이 이르니 때는 겨울이라
23. 예수께서 성전 안 솔로몬 행각에서 거니시니
24. 유대인들이 에워싸고 이르되 당신이 언제까
지나 우리 마음을 의혹하게 하려 하나이까 그
리스도이면 밝히 말씀하소서 하니
25. 예수께서 대답하시되 내가 너희에게 말하였
으되 믿지 아니하는도다 내가 내 아버지의
이름으로 행하는 일들이 나를 증거하는 것이
거늘
26. 너희가 내 양이 아니므로 믿지 아니하는도다
27. 내 양은 내 음성을 들으며 나는 그들을 알며
그들은 나를 따르느니라

28. 내가 그들에게 영생을 주노니 영원히 멸망하
지 아니할 것이요 또 그들을 내 손에서 빼앗을
자가 없느니라
29. 그들을 주신 내 아버지는 만물보다 크시매 아
무도 아버지 손에서 빼앗을 수 없느니라
30. 나와 아버지는 하나이니라 하신대
31. 유대인들이 다시 돌을 들어 치려 하거늘
32. 예수께서 대답하시되 내가 아버지로 말미암
아 여러 가지 선한 일로 너희에게 보였거늘 그
중에 어떤 일로 나를 돌로 치려 하느냐
33. 유대인들이 대답하되 선한 일로 말미암아 우
리가 너를 돌로 치려는 것이 아니라 신성모독
으로 인함이니 네가 사람이 되어 자칭 하나님
이라 함이로라
34. 예수께서 이르시되 너희 율법에 기록된 바
내가 너희를 신이라 하였노라 하지 아니하였
느냐

35. 성경은 폐하지 못하나니 하나님의 말씀을 받
은 사람들을 신이라 하셨거든
36. 하물며 아버지께서 거룩하게 하사 세상에 보
내신 자가 나는 하나님의 아들이라 하는 것으
로 너희가 어찌 신성모독이라 하느냐
37. 만일 내가 내 아버지의 일을 행하지 아니하거
든 나를 믿지 말려니와
38. 내가 행하거든 나를 믿지 아니할지라도 그 일
은 믿으라 그러면 너희가 아버지께서 내 안에
계시고 내가 아버지 안에 있음을 깨달아 알리
라 하시니
39. 그들이 다시 예수를 잡고자 하였으나 그 손에
서 벗어나 나가시니라
40. 다시 요단 강 저편 요한이 처음으로 세례 베풀
던 곳에 가사 거기 거하시니
41. 많은 사람이 왔다가 말하되 요한은 아무 표적
도 행하지 아니하였으나 요한이 이 사람을 가

리켜 말한 것은 다 참이라 하더라

42. 그리하여 거기서 많은 사람이 예수를 믿으니라

마음에 와닿는 말씀에 색연필이나 형광펜으로 줄을 치고 묵상해 보세요.

언제나 예수님만 따르는 어린이가 되게 해주세요

사랑하는 하나님 아버지,
선한 목자 되신 예수님에 관한 말씀을 읽었어요.
저희는 주님의 양이고
주님은 저희의 선한 목자가 되신다는 말씀이 참 좋아요.
선한 목자 되신 예수님은 양을 위해서
목숨도 버릴 수 있다고 하셨지요.
예수님이 우리를 얼마나 사랑하시는지
말씀을 읽고 쓰면서 깊이 깨달을 수 있었어요.

그런데 삯꾼 목자는 자신의 양을 돌보지 않는다고 해요.
제가 이런 사람을 조심하도록 도와주세요.
언제나 선한 목자 되신 주님만 따르고 살아가도록 이끌어 주세요.
예수님의 이름으로 기도드립니다. 아멘.

죽은 나사로를 살리시다

1. 어떤 병자가 있으니 이는 마리아와 그 자매 마
르다의 마을 베다니에 사는 나사로라
2. 이 마리아는 향유를 주께 붓고 머리털로 주의
발을 닦던 자요 병든 나사로는 그의 오라버니
더라
3. 이에 그 누이들이 예수께 사람을 보내어 이르
되 주여 보시옵소서 사랑하시는 자가 병들었
나이다 하니
4. 예수께서 들으시고 이르시되 이 병은 죽을 병
이 아니라 하나님의 영광을 위함이요 하나님
의 아들이 이로 말미암아 영광을 받게 하려 함
이라 하시더라
5. 예수께서 본래 마르다와 그 동생과 나사로를
사랑하시더니
6. 나사로가 병들었다 함을 듣으시고 그 계시던
곳에 이틀을 더 유하시고

7. 그 후에 제자들에게 이르시되 유대로 다시 가
자 하시니
8. 제자들이 말하되 랍비여 방금도 유대인들이 돌
로 치려 하였는데 또 그리로 가시려 하나이까
9. 예수께서 대답하시되 낮이 열두 시간이 아니냐
사람이 낮에 다니면 이 세상의 빛을 보므로 실
족하지 아니하고
10. 밤에 다니면 빛이 그 사람 안에 없는 고로 실
족하느니라
11. 이 말씀을 하신 후에 또 이르시되 우리 친구
나사로가 잠들었도다 그러나 내가 깨우러 가
노라
12. 제자들이 이르되 주여 잠들었으면 낫겠나이
다 하더라
13. 예수는 그의 죽음을 가리켜 말씀하신 것이나
그들은 잠들어 쉬는 것을 가리켜 말씀하심인
줄 생각하는지라

14. 이에 예수께서 밝히 이르시되 나사로가 죽었
느니라
15. 내가 거기 있지 아니한 것을 너희를 위하여 기
뻐하노니 이는 너희로 믿게 하려 함이라 그러
나 그에게로 가자 하시니
16. 디두모라고도 하는 도마가 다른 제자들에게
말하되 우리도 주와 함께 죽으러 가자 하니라

나는 부활이요 생명이니

17. 예수께서 와서 보시니 나사로가 무덤에 있은
지 이미 나흘이라
18. 베다니는 예루살렘에서 가깝기가 한 오 리쯤
되매
19. 많은 유대인이 마르다와 마리아에게 그 오라
비의 일로 위문하러 왔더니
20. 마르다는 예수께서 오신다는 말을 듣고 곧 나
가 맞이하되 마리아는 집에 앉았더라
21. 마르다가 예수께 여짜오되 주께서 여기 계

셨더라면 내 오라버니가 죽지 아니하였겠나
이다
22. 그러나 나는 이제라도 주께서 무엇이든지 하
나님께 구하시는 것을 하나님이 주실 줄을 아
나이다
23. 예수께서 이르시되 네 오라비가 다시 살아나
리라
24. 마르다가 이르되 마지막 날 부활 때에는 다시
살아날 줄을 내가 아나이다
25. 예수께서 이르시되 나는 부활이요 생명이니
나를 믿는 자는 죽어도 살겠고
26. 무릇 살아서 나를 믿는 자는 영원히 죽지 아니
하리니 이것을 네가 믿느냐
27. 이르되 주여 그러하외다 주는 그리스도시요
세상에 오시는 하나님의 아들이신 줄 내가 믿
나이다
28. 이 말을 하고 돌아가서 가만히 그 자매 마리아

를 불러 말하되 선생님이 오셔서 너를 부르신
다 하니
29. 마리아가 이 말을 듣고 급히 일어나 예수께 나
아가매
30. 예수는 아직 마을로 들어오지 아니하시고 마
르다가 맞이했던 곳에 그대로 계시더라
31. 마리아와 함께 집에 있어 위로하던 유대인들
은 그가 급히 일어나 나가는 것을 보고 곡하러
무덤에 가는 줄로 생각하고 따라가더니
32. 마리아가 예수 계신 곳에 가서 뵈옵고 그 발
앞에 엎드리어 이르되 주께서 여기 계셨더라
면 내 오라버니가 죽지 아니하였겠나이다 하
더라
33. 예수께서 그가 우는 것과 또 함께 온 유대인들
이 우는 것을 보시고 심령에 비통히 여기시고
불쌍히 여기사
34. 이르시되 그를 어디 두었느냐 이르되 주여 와

서 보옵소서 하니
35. 예수께서 눈물을 흘리시더라
36. 이에 유대인들이 말하되 보라 그를 얼마나 사
랑하셨는가 하며
37. 그 중 어떤 이는 말하되 맹인의 눈을 뜨게 한
이 사람이 그 사람은 죽지 않게 할 수 없었더
냐 하더라
38. 이에 예수께서 다시 속으로 비통히 여기시며
무덤에 가시니 무덤이 굴이라 돌로 막았거늘
39. 예수께서 이르시되 돌을 옮겨 놓으라 하시니
그 죽은 자의 누이 마르다가 이르되 주여 죽은
지가 나흘이 되었으매 벌써 냄새가 나나이다
40. 예수께서 이르시되 내 말이 네가 믿으면 하
나님의 영광을 보리라 하지 아니하였느냐 하
시니
41. 돌을 옮겨 놓으니 예수께서 눈을 들어 우러러
보시고 이르시되 아버지여 내 말을 들으신 것

을 감사하나이다
42. 항상 내 말을 들으시는 줄을 내가 알았나이다
그러나 이 말씀 하옵는 것은 둘러선 무리를 위
함이니 곧 아버지께서 나를 보내신 것을 그들
로 믿게 하려 함이니이다
43. 이 말씀을 하시고 큰 소리로 나사로야 나오라
부르시니
44. 죽은 자가 수족을 베로 동인 채로 나오는데 그
얼굴은 수건에 싸였더라 예수께서 이르시되
풀어 놓아 다니게 하라 하시니라

예수를 죽이려고 모의하다

45. 마리아에게 와서 예수께서 하신 일을 본 많은
유대인이 그를 믿었으나
46. 그 중에 어떤 자는 바리새인들에게 가서 예수
께서 하신 일을 알리니라
47. 이에 대제사장들과 바리새인들이 공회를 모
으고 이르되 이 사람이 많은 표적을 행하니 우

리가 어떻게 하겠느냐
48. 만일 그를 이대로 두면 모든 사람이 그를 믿을
것이요 그리고 로마인들이 와서 우리 땅과 민
족을 빼앗아 가리라 하니
49. 그 중의 한 사람 그 해의 대제사장인 가야바가
그들에게 말하되 너희가 아무 것도 알지 못하
는도다
50. 한 사람이 백성을 위하여 죽어서 온 민족이 망
하지 않게 되는 것이 너희에게 유익한 줄을 생
각하지 아니하는도다 하였으니
51. 이 말은 스스로 함이 아니요 그 해의 대제사장
이므로 예수께서 그 민족을 위하시고
52. 또 그 민족만 위할 뿐 아니라 흩어진 하나님의
자녀를 모아 하나가 되게 하기 위하여 죽으실
것을 미리 말함이러라
53. 이 날부터는 그들이 예수를 죽이려고 모의하
니라

54. 그러므로 예수께서 다시 유대인 가운데 드러
나게 다니지 아니하시고 거기를 떠나 빈 들 가
까운 곳인 에브라임이라는 동네에 가서 제자
들과 함께 거기 머무르시니라
55. 유대인의 유월절이 가까우매 많은 사람이 자
기를 성결하게 하기 위하여 유월절 전에 시골
에서 예루살렘으로 올라갔더니
56. 그들이 예수를 찾으며 성전에 서서 서로 말하
되 너희 생각에는 어떠하냐 그가 명절에 오지
아니하겠느냐 하니
57. 이는 대제사장들과 바리새인들이 누구든지
예수 있는 곳을 알거든 신고하여 잡게 하라 명
령하였음이러라

마음에 와닿는 말씀에 색연필이나 형광펜으로 줄을 치고 묵상해 보세요.

죽은 사람도 살리시는 예수님을 믿게 해주세요

사랑하는 하나님 아버지,
예수님께서 죽은 나사로를 살리신 말씀을 읽었어요.
마리아는 오빠가 죽은 지 4일이나 지났고
이미 냄새가 난다고 했지만,
예수님은 내 말을 믿으면 하나님의 영광을 볼 것이라고
말씀하시며 "나사로야 나오라"고 부르셨지요.
그러자 정말로 죽은 나사로가 손발이 베로 묶인 채로
무덤에서 나왔어요.

말씀을 읽으며 예수님은 죽은 사람도 살리시는
정말 놀라운 분이심을 알게 되었어요.
그 예수님이 제가 믿는 주님이시니 저는 너무도 행복해요.
앞으로 어떤 일이 생겨도 예수님께 기도하며
예수님만 믿게 해주세요.
예수님의 이름으로 기도드립니다. 아멘.

예수의 발에 향유를 붓다

1. 유월절 엿새 전에 예수께서 베다니에 이르시니
이 곳은 예수께서 죽은 자 가운데서 살리신 나
사로가 있는 곳이라
2. 거기서 예수를 위하여 잔치할새 마르다는 일
을 하고 나사로는 예수와 함께 앉은 자 중에
있더라
3. 마리아는 지극히 비싼 향유 곧 순전한 나드 한
근을 가져다가 예수의 발에 붓고 자기 머리털
로 그의 발을 닦으니 향유 냄새가 집에 가득하
더라
4. 제자 중 하나로서 예수를 잡아 줄 가룟 유다가
말하되
5. 이 향유를 어찌하여 삼백 데나리온에 팔아 가
난한 자들에게 주지 아니하였느냐 하니
6. 이렇게 말함은 가난한 자들을 생각함이 아니요
그는 도둑이라 돈궤를 맡고 거기 넣는 것을 훔

쳐 감이러라

7. 예수께서 이르시되 그를 가만 두어 나의 장례
할 날을 위하여 그것을 간직하게 하라

8. 가난한 자들은 항상 너희와 함께 있거니와 나
는 항상 있지 아니하리라 하시니라

나사로까지 죽이려고 모의하다

9. 유대인의 큰 무리가 예수께서 여기 계신 줄을
알고 오니 이는 예수만 보기 위함이 아니요
죽은 자 가운데서 살리신 나사로도 보려 함이
러라

10. 대제사장들이 나사로까지 죽이려고 모의하니

11. 나사로 때문에 많은 유대인이 가서 예수를 믿
음이러라

예루살렘으로 가시다

12. 그 이튿날에는 명절에 온 큰 무리가 예수께서
예루살렘으로 오신다는 것을 듣고

13. 종려나무 가지를 가지고 맞으러 나가 외치되

호산나 찬송하리로다 주의 이름으로 오시는
이 곧 이스라엘의 왕이시여 하더라
14. 예수는 한 어린 나귀를 보고 타시니
15. 이는 기록된 바 시온 딸아 두려워하지 말라 보
라 너의 왕이 나귀 새끼를 타고 오신다 함과
같더라
16. 제자들은 처음에 이 일을 깨닫지 못하였다가
예수께서 영광을 얻으신 후에야 이것이 예수
께 대하여 기록된 것임과 사람들이 예수께 이
같이 한 것임이 생각났더라
17. 나사로를 무덤에서 불러내어 죽은 자 가운데
서 살리실 때에 함께 있던 무리가 증언한지라
18. 이에 무리가 예수를 맞음은 이 표적 행하심을
들었음이러라
19. 바리새인들이 서로 말하되 볼지어다 너희 하
는 일이 쓸 데 없다 보라 온 세상이 그를 따르
는도다 하니라

인자가 들려야 하리라

20. 명절에 예배하러 올라온 사람 중에 헬라인 몇
이 있는데
21. 그들이 갈릴리 벳새다 사람 빌립에게 가서 청
하여 이르되 선생이여 우리가 예수를 뵈옵고
자 하나이다 하니
22. 빌립이 안드레에게 가서 말하고 안드레와 빌
립이 예수께 가서 여쭈니
23. 예수께서 대답하여 이르시되 인자가 영광을
얻을 때가 왔도다
24. 내가 진실로 진실로 너희에게 이르노니 한 알
의 밀이 땅에 떨어져 죽지 아니하면 한 알 그
대로 있고 죽으면 많은 열매를 맺느니라
25. 자기의 생명을 사랑하는 자는 잃어버릴 것이
요 이 세상에서 자기의 생명을 미워하는 자는
영생하도록 보전하리라
26. 사람이 나를 섬기려면 나를 따르라 나 있는

곳에 나를 섬기는 자도 거기 있으리니 사람이
나를 섬기면 내 아버지께서 그를 귀히 여기시
리라
27. 지금 내 마음이 괴로우니 무슨 말을 하리요 아
버지여 나를 구원하여 이 때를 면하게 하여 주
옵소서 그러나 내가 이를 위하여 이 때에 왔나
이다
28. 아버지여, 아버지의 이름을 영광스럽게 하옵
소서 하시니 이에 하늘에서 소리가 나서 이르
되 내가 이미 영광스럽게 하였고 또다시 영광
스럽게 하리라 하시니
29. 곁에 서서 들은 무리는 천둥이 울었다고도 하
며 또 어떤 이들은 천사가 그에게 말하였다고
도 하니
30. 예수께서 대답하여 이르시되 이 소리가 난 것은
나를 위한 것이 아니요 너희를 위한 것이니라
31. 이제 이 세상에 대한 심판이 이르렀으니 이 세

상의 임금이 쫓겨나리라
32. 내가 땅에서 들리면 모든 사람을 내게로 이끌
겠노라 하시니
33. 이렇게 말씀하심은 자기가 어떠한 죽음으로
죽을 것을 보이심이러라
34. 이에 무리가 대답하되 우리는 율법에서 그리
스도가 영원히 계신다 함을 들었거늘 너는 어
찌하여 인자가 들려야 하리라 하느냐 이 인자
는 누구냐
35. 예수께서 이르시되 아직 잠시 동안 빛이 너희
중에 있으니 빛이 있을 동안에 다녀 어둠에 붙
잡히지 않게 하라 어둠에 다니는 자는 그 가는
곳을 알지 못하느니라
36. 너희에게 아직 빛이 있을 동안에 빛을 믿으라
그리하면 빛의 아들이 되리라

그들이 예수를 믿지 아니하다

예수께서 이 말씀을 하시고 그들을 떠나가서

숨으시니라

37. 이렇게 많은 표적을 그들 앞에서 행하셨으나
그를 믿지 아니하니

38. 이는 선지자 이사야의 말씀을 이루려 하심이
라 이르되 주여 우리에게서 들은 바를 누가 믿
었으며 주의 팔이 누구에게 나타났나이까 하
였더라

39. 그들이 능히 믿지 못한 것은 이 때문이니 곧
이사야가 다시 일렀으되

40. 그들의 눈을 멀게 하시고 그들의 마음을 완고
하게 하셨으니 이는 그들로 하여금 눈으로 보
고 마음으로 깨닫고 돌이켜 내게 고침을 받지
못하게 하려 함이라 하였음이더라

41. 이사야가 이렇게 말한 것은 주의 영광을 보고
주를 가리켜 말한 것이라

42. 그러나 관리 중에도 그를 믿는 자가 많되 바리
새인들 때문에 드러나게 말하지 못하니 이는

출교를 당할까 두려워함이라
43. 그들은 사람의 영광을 하나님의 영광보다 더
사랑하였더라

마지막 날과 심판

44. 예수께서 외쳐 이르시되 나를 믿는 자는 나를
믿는 것이 아니요 나를 보내신 이를 믿는 것
이며
45. 나를 보는 자는 나를 보내신 이를 보는 것이
니라
46. 나는 빛으로 세상에 왔나니 무릇 나를 믿는 자
로 어둠에 거하지 않게 하려 함이로라
47. 사람이 내 말을 듣고 지키지 아니할지라도 내
가 그를 심판하지 아니하노라 내가 온 것은 세
상을 심판하려 함이 아니요 세상을 구원하려
함이로라
48. 나를 저버리고 내 말을 받지 아니하는 자를 심
판할 이가 있으니 곧 내가 한 그 말이 마지막

날에 그를 심판하리라

49. 내가 내 자의로 말한 것이 아니요 나를 보내신
아버지께서 내가 말할 것과 이를 것을 친히 명
령하여 주셨으니

50. 나는 그의 명령이 영생인 줄 아노라 그러므로
내가 이르는 것은 내 아버지께서 내게 말씀하
신 그대로니라 하시니라

마음에 와닿는 말씀에 색연필이나 형광펜으로 줄을 치고 묵상해 보세요.

예수님께 아낌없이 드리는 어린이가 되게 해주세요

사랑하는 하나님 아버지,
비싼 향유를 예수님께 드린 마리아에 대한 말씀을 읽었어요.
마리아는 값비싼 향유를 팔아서 예수님의 발에 붓고
자기 머리털로 예수님의 발을 닦아 드렸지요.

주님, 저도 마리아처럼 저의 가장 소중한 것을
아낌없이 주님을 위해 드리고 싶어요.
주님께서 제게 무엇을 원하시는지 깨닫고
그것을 주님께 마음 다해 드리는 사람이 되게 해주세요.
예수님의 이름으로 기도드립니다. 아멘.

제자들의 발을 씻으시다

1. 유월절 전에 예수께서 자기가 세상을 떠나 아
버지께로 돌아가실 때가 이른 줄 아시고 세상
에 있는 자기 사람들을 사랑하시되 끝까지 사
랑하시니라
2. 마귀가 벌써 시몬의 아들 가룟 유다의 마음에
예수를 팔려는 생각을 넣었더라
3. 저녁 먹는 중 예수는 아버지께서 모든 것을
자기 손에 맡기신 것과 또 자기가 하나님께로
부터 오셨다가 하나님께로 돌아가실 것을 아
시고
4. 저녁 잡수시던 자리에서 일어나 겉옷을 벗고
수건을 가져다가 허리에 두르시고
5. 이에 대야에 물을 떠서 제자들의 발을 씻으시
고 그 두르신 수건으로 닦기를 시작하여
6. 시몬 베드로에게 이르시니 베드로가 이르되 주
여 주께서 내 발을 씻으시나이까

7. 예수께서 대답하여 이르시되 내가 하는 것을
네가 지금은 알지 못하나 이 후에는 알리라
8. 베드로가 이르되 내 발을 절대로 씻지 못하시
리이다 예수께서 대답하시되 내가 너를 씻어
주지 아니하면 네가 나와 상관이 없느니라
9. 시몬 베드로가 이르되 주여 내 발뿐 아니라 손
과 머리도 씻어 주옵소서
10. 예수께서 이르시되 이미 목욕한 자는 발밖에
씻을 필요가 없느니라 온 몸이 깨끗하니라 너
희가 깨끗하나 다는 아니니라 하시니
11. 이는 자기를 팔 자가 누구인지 아심이라 그러
므로 다는 깨끗하지 아니하다 하시니라
12. 그들의 발을 씻으신 후에 옷을 입으시고 다시
앉아 그들에게 이르시되 내가 너희에게 행한
것을 너희가 아느냐
13. 너희가 나를 선생이라 또는 주라 하니 너희 말
이 옳도다 내가 그러하다

14. 내가 주와 또는 선생이 되어 너희 발을 씻었으
니 너희도 서로 발을 씻어 주는 것이 옳으니라
15. 내가 너희에게 행한 것같이 너희도 행하게 하
려 하여 본을 보였노라
16. 내가 진실로 진실로 너희에게 이르노니 종이
주인보다 크지 못하고 보냄을 받은 자가 보낸
자보다 크지 못하나니
17. 너희가 이것을 알고 행하면 복이 있으리라
18. 내가 너희 모두를 가리켜 말하는 것이 아니니
라 나는 내가 택한 자들이 누구인지 앎이라 그
러나 내 떡을 먹는 자가 내게 발꿈치를 들었다
한 성경을 응하게 하려는 것이니라
19. 지금부터 일이 일어나기 전에 미리 너희에게
일러 둠은 일이 일어날 때에 내가 그인 줄 너
희가 믿게 하려 함이로라
20. 내가 진실로 진실로 너희에게 이르노니 내가
보낸 자를 영접하는 자는 나를 영접하는 것이

요 나를 영접하는 자는 나를 보내신 이를 영접
하는 것이니라

너희 중 하나가 나를 팔리라

21. 예수께서 이 말씀을 하시고 심령이 괴로워 증
언하여 이르시되 내가 진실로 진실로 너희에
게 이르노니 너희 중 하나가 나를 팔리라 하
시니
22. 제자들이 서로 보며 누구에게 대하여 말씀하
시는지 의심하더라
23. 예수의 제자 중 하나 곧 그가 사랑하시는 자가
예수의 품에 의지하여 누웠는지라
24. 시몬 베드로가 머릿짓을 하여 말하되 말씀하
신 자가 누구인지 말하라 하니
25. 그가 예수의 가슴에 그대로 의지하여 말하되
주여 누구니이까
26. 예수께서 대답하시되 내가 떡 한 조각을 적셔
다 주는 자가 그니라 하시고 곧 한 조각을 적

셔서 가룟 시몬의 아들 유다에게 주시니
27. 조각을 받은 후 곧 사탄이 그 속에 들어간지라
이에 예수께서 유다에게 이르시되 네가 하는
일을 속히 하라 하시니
28. 이 말씀을 무슨 뜻으로 하셨는지 그 앉은 자
중에 아는 자가 없고
29. 어떤 이들은 유다가 돈궤를 맡았으므로 명절
에 우리가 쓸 물건을 사라 하시는지 혹은 가난
한 자들에게 무엇을 주라 하시는 줄로 생각하
더라
30. 유다가 그 조각을 받고 곧 나가니 밤이러라

새 계명

31. 그가 나간 후에 예수께서 이르시되 지금 인자
가 영광을 받았고 하나님도 인자로 말미암아
영광을 받으셨도다
32. 만일 하나님이 그로 말미암아 영광을 받으셨
으면 하나님도 자기로 말미암아 그에게 영광

을 주시리니 곧 주시리라

33. 작은 자들아 내가 아직 잠시 너희와 함께 있겠
노라 너희가 나를 찾을 것이나 일찍이 내가 유
대인들에게 너희는 내가 가는 곳에 올 수 없다
고 말한 것과 같이 지금 너희에게도 이르노라

34. 새 계명을 너희에게 주노니 서로 사랑하라 내
가 너희를 사랑한 것같이 너희도 서로 사랑
하라

35. 너희가 서로 사랑하면 이로써 모든 사람이 너
희가 내 제자인 줄 알리라

베드로가 부인할 것을 이르시다

36. 시몬 베드로가 이르되 주여 어디로 가시나이
까 예수께서 대답하시되 내가 가는 곳에 네가
지금은 따라올 수 없으나 후에는 따라오리라

37. 베드로가 이르되 주여 내가 지금은 어찌하여
따라갈 수 없나이까 주를 위하여 내 목숨을 버
리겠나이다

38. 예수께서 대답하시되 네가 나를 위하여 네 목
숨을 버리겠느냐 내가 진실로 진실로 네게 이
르노니 닭 울기 전에 네가 세 번 나를 부인하
리라

마음에 와닿는 말씀에 색연필이나 형광펜으로 줄을 치고 묵상해 보세요.

겸손하게 섬기는 어린이가 되게 해주세요

사랑하는 하나님 아버지,
예수님이 사랑하는 제자들의 발을 씻겨 주신 말씀을 읽었어요.
예수님은 제자들과 저녁을 드시다가
갑자기 수건을 허리에 두르시고 대야에 물을 떠서
제자들의 발을 씻겨 주시고 수건으로 닦아 주셨지요.
제자들은 얼마나 놀랐을까요?
그래서 베드로는 절대로 주님께서 자신의 발을 씻도록
허락할 수 없다고 반항까지 했나 봐요.

주님, 저도 예수님처럼 항상 겸손한 마음으로
다른 사람을 섬기고 싶어요.
제가 그런 사람이 될 수 있도록 도와주세요.
예수님의 이름으로 기도드립니다. 아멘.

내가 곧 길이요 진리요 생명이니

1. 너희는 마음에 근심하지 말라 하나님을 믿으니
또 나를 믿으라
2. 내 아버지 집에 거할 곳이 많도다 그렇지 않으
면 너희에게 일렀으리라 내가 너희를 위하여
거처를 예비하러 가노니
3. 가서 너희를 위하여 거처를 예비하면 내가 다
시 와서 너희를 내게로 영접하여 나 있는 곳에
너희도 있게 하리라
4. 내가 어디로 가는지 그 길을 너희가 아느니라
5. 도마가 이르되 주여 주께서 어디로 가시는지
우리가 알지 못하거늘 그 길을 어찌 알겠사옵
나이까
6. 예수께서 이르시되 내가 곧 길이요 진리요 생
명이니 나로 말미암지 않고는 아버지께로 올
자가 없느니라
7. 너희가 나를 알았더라면 내 아버지도 알았으리

로다 이제부터는 너희가 그를 알았고 또 보았
느니라
8. 빌립이 이르되 주여 아버지를 우리에게 보여
주옵소서 그리하면 족하겠나이다
9. 예수께서 이르시되 빌립아 내가 이렇게 오래
너희와 함께 있으되 네가 나를 알지 못하느냐
나를 본 자는 아버지를 보았거늘 어찌하여 아
버지를 보이라 하느냐
10. 내가 아버지 안에 거하고 아버지는 내 안에 계
신 것을 네가 믿지 아니하느냐 내가 너희에게
이르는 말은 스스로 하는 것이 아니라 아버지
께서 내 안에 계셔서 그의 일을 하시는 것이라
11. 내가 아버지 안에 거하고 아버지께서 내 안에
계심을 믿으라 그렇지 못하겠거든 행하는 그
일로 말미암아 나를 믿으라
12. 내가 진실로 진실로 너희에게 이르노니 나를
믿는 자는 내가 하는 일을 그도 할 것이요 또

한 그보다 큰 일도 하리니 이는 내가 아버지께
로 감이라
13. 너희가 내 이름으로 무엇을 구하든지 내가 행
하리니 이는 아버지로 하여금 아들로 말미암
아 영광을 받으시게 하려 함이라
14. 내 이름으로 무엇이든지 내게 구하면 내가 행
하리라
15. 너희가 나를 사랑하면 나의 계명을 지키리라
16. 내가 아버지께 구하겠으니 그가 또 다른 보혜
사를 너희에게 주사 영원토록 너희와 함께 있
게 하리니
17. 그는 진리의 영이라 세상은 능히 그를 받지 못
하나니 이는 그를 보지도 못하고 알지도 못함
이라 그러나 너희는 그를 아나니 그는 너희와
함께 거하심이요 또 너희 속에 계시겠음이라
18. 내가 너희를 고아와 같이 버려두지 아니하고
너희에게로 오리라

19. 조금 있으면 세상은 다시 나를 보지 못할 것이
로되 너희는 나를 보리니 이는 내가 살아 있고
너희도 살아 있겠음이라
20. 그 날에는 내가 아버지 안에, 너희가 내 안에,
내가 너희 안에 있는 것을 너희가 알리라
21. 나의 계명을 지키는 자라야 나를 사랑하는 자
니 나를 사랑하는 자는 내 아버지께 사랑을 받
을 것이요 나도 그를 사랑하여 그에게 나를 나
타내리라
22. 가룟인 아닌 유다가 이르되 주여 어찌하여 자
기를 우리에게는 나타내시고 세상에는 아니
하려 하시나이까
23. 예수께서 대답하여 이르시되 사람이 나를 사
랑하면 내 말을 지키리니 내 아버지께서 그를
사랑하실 것이요 우리가 그에게 가서 거처를
그와 함께 하리라
24. 나를 사랑하지 아니하는 자는 내 말을 지키지

아니하나니 너희가 듣는 말은 내 말이 아니요
나를 보내신 아버지의 말씀이니라

보혜사

25. 내가 아직 너희와 함께 있어서 이 말을 너희에
게 하였거니와
26. 보혜사 곧 아버지께서 내 이름으로 보내실 성
령 그가 너희에게 모든 것을 가르치고 내가 너
희에게 말한 모든 것을 생각나게 하리라
27. 평안을 너희에게 끼치노니 곧 나의 평안을 너
희에게 주노라 내가 너희에게 주는 것은 세상
이 주는 것과 같지 아니하니라 너희는 마음에
근심하지도 말고 두려워하지도 말라
28. 내가 갔다가 너희에게로 온다 하는 말을 너희
가 들었나니 나를 사랑하였더라면 내가 아버
지께로 감을 기뻐하였으리라 아버지는 나보
다 크심이라
29. 이제 일이 일어나기 전에 너희에게 말한 것은

일이 일어날 때에 너희로 믿게 하려 함이라
30. 이 후에는 내가 너희와 말을 많이 하지 아니하
리니 이 세상의 임금이 오겠음이라 그러나 그
는 내게 관계할 것이 없으니
31. 오직 내가 아버지를 사랑하는 것과 아버지께
서 명하신 대로 행하는 것을 세상이 알게 하려
함이로라 일어나라 여기를 떠나자 하시니라

마음에 와닿는 말씀에 색연필이나 형광펜으로 줄을 치고 묵상해 보세요.

늘 예수님께 기도하는 어린이가 되게 해주세요

사랑하는 하나님 아버지,
예수님의 이름으로 기도드리면
무엇이든지 응답해 주신다는 말씀을 읽으니 힘이 나요.
저의 기도를 들으시고 응답하시는 것이
예수님을 통해 하나님이 영광을 받으시는 것이라는 말씀도
계속해서 생각해 보고 싶어요.
주님, 주님을 믿는 자는 주님이 하는 일만이 아니라
더 큰 일도 하게 된다고 하셨지요?
제가 늘 주님께 기도하면서
하나님께 영광을 올려 드리는 일을 할 수 있도록 인도해 주세요.
예수님의 이름으로 기도드립니다. 아멘.

나는 포도나무요 너희는 가지라

1. 나는 참포도나무요 내 아버지는 농부라
2. 무릇 내게 붙어 있어 열매를 맺지 아니하는 가
지는 아버지께서 그것을 제거해 버리시고 무
릇 열매를 맺는 가지는 더 열매를 맺게 하려 하
여 그것을 깨끗하게 하시느니라
3. 너희는 내가 일러준 말로 이미 깨끗하여졌으니
4. 내 안에 거하라 나도 너희 안에 거하리라 가지
가 포도나무에 붙어 있지 아니하면 스스로 열
매를 맺을 수 없음 같이 너희도 내 안에 있지
아니하면 그러하리라
5. 나는 포도나무요 너희는 가지라 그가 내 안에,
내가 그 안에 거하면 사람이 열매를 많이 맺나
니 나를 떠나서는 너희가 아무 것도 할 수 없음
이라
6. 사람이 내 안에 거하지 아니하면 가지처럼 밖
에 버려져 마르나니 사람들이 그것을 모아다

가 불에 던져 사르느니라
7. 너희가 내 안에 거하고 내 말이 너희 안에 거하
면 무엇이든지 원하는 대로 구하라 그리하면
이루리라
8. 너희가 열매를 많이 맺으면 내 아버지께서 영
광을 받으실 것이요 너희는 내 제자가 되리라
9. 아버지께서 나를 사랑하신 것같이 나도 너희를
사랑하였으니 나의 사랑 안에 거하라
10. 내가 아버지의 계명을 지켜 그의 사랑 안에 거
하는 것같이 너희도 내 계명을 지키면 내 사랑
안에 거하리라
11. 내가 이것을 너희에게 이름은 내 기쁨이 너희
안에 있어 너희 기쁨을 충만하게 하려 함이라
12. 내 계명은 곧 내가 너희를 사랑한 것같이 너희
도 서로 사랑하라 하는 이것이니라
13. 사람이 친구를 위하여 자기 목숨을 버리면 이
보다 더 큰 사랑이 없나니

14. 너희는 내가 명하는 대로 행하면 곧 나의 친
구라
15. 이제부터는 너희를 종이라 하지 아니하리니
종은 주인이 하는 것을 알지 못함이라 너희를
친구라 하였노니 내가 내 아버지께 들은 것을
다 너희에게 알게 하였음이라
16. 너희가 나를 택한 것이 아니요 내가 너희를 택
하여 세웠나니 이는 너희로 가서 열매를 맺게
하고 또 너희 열매가 항상 있게 하여 내 이름
으로 아버지께 무엇을 구하든지 다 받게 하려
함이라
17. 내가 이것을 너희에게 명함은 너희로 서로 사
랑하게 하려 함이라
18. 세상이 너희를 미워하면 너희보다 먼저 나를
미워한 줄을 알라
19. 너희가 세상에 속하였으면 세상이 자기의 것
을 사랑할 것이나 너희는 세상에 속한 자가 아

니요 도리어 내가 너희를 세상에서 택하였기
때문에 세상이 너희를 미워하느니라
20. 내가 너희에게 종이 주인보다 더 크지 못하다
한 말을 기억하라 사람들이 나를 박해하였은
즉 너희도 박해할 것이요 내 말을 지켰은즉 너
희 말도 지킬 것이라
21. 그러나 사람들이 내 이름으로 말미암아 이 모
든 일을 너희에게 하리니 이는 나를 보내신 이
를 알지 못함이라
22. 내가 와서 그들에게 말하지 아니하였더라면
죄가 없었으려니와 지금은 그 죄를 핑계할 수
없느니라
23. 나를 미워하는 자는 또 내 아버지를 미워하느
니라
24. 내가 아무도 못한 일을 그들 중에서 하지 아니
하였더라면 그들에게 죄가 없었으려니와 지
금은 그들이 나와 내 아버지를 보았고 또 미워

하였도다

25. 그러나 이는 그들의 율법에 기록된 바 그들이
이유 없이 나를 미워하였다 한 말을 응하게 하
려 함이라

26. 내가 아버지께로부터 너희에게 보낼 보혜사
곧 아버지께로부터 나오시는 진리의 성령이
오실 때에 그가 나를 증언하실 것이요

27. 너희도 처음부터 나와 함께 있었으므로 증언
하느니라

마음에 와닿는 말씀에 색연필이나 형광펜으로 줄을 치고 묵상해 보세요.

예수님 안에 거하는 어린이가 되게 해주세요

사랑하는 하나님 아버지,
포도나무와 가지의 이야기를 읽었어요.
예수님 안에 거하면 열매를 많이 맺고
하나님께 영광을 올려드릴 수 있다는 말씀이 기억에 남아요.
제가 늘 예수님 안에 거하며
많은 열매를 맺을 수 있도록 도와주세요.

또한 아버지가 예수님을 사랑하신 것같이
예수님도 우리를 사랑하신다는 말씀도 배웠어요.
이 말씀을 읽으며 얼마나 마음이 행복했는지 몰라요.
제가 항상 예수님의 계명을 잘 지키며
예수님의 사랑 안에 거하도록 인도해 주세요.

요한복음 말씀을 계속 읽고 쓰면서
하나님과 예수님에 대해서 계속 새롭게 배울 수 있어서
너무 기쁘고 감사해요.
제가 말씀을 통해 더 주님을 사랑하는 사람이 되게 해주세요.
예수님의 이름으로 기도드립니다. 아멘.

성령의 일

1. 내가 이것을 너희에게 이름은 너희로 실족하지
않게 하려 함이니
2. 사람들이 너희를 출교할 뿐 아니라 때가 이르
면 무릇 너희를 죽이는 자가 생각하기를 이것
이 하나님을 섬기는 일이라 하리라
3. 그들이 이런 일을 할 것은 아버지와 나를 알지
못함이라
4. 오직 너희에게 이 말을 한 것은 너희로 그 때를
당하면 내가 너희에게 말한 이것을 기억나게
하려 함이요 처음부터 이 말을 하지 아니한 것
은 내가 너희와 함께 있었음이라
5. 지금 내가 나를 보내신 이에게로 가는데 너희
중에서 나더러 어디로 가는지 묻는 자가 없고
6. 도리어 내가 이 말을 하므로 너희 마음에 근심
이 가득하였도다
7. 그러나 내가 너희에게 실상을 말하노니 내가

떠나가는 것이 너희에게 유익이라 내가 떠나
가지 아니하면 보혜사가 너희에게로 오시지
아니할 것이요 가면 내가 그를 너희에게로 보
내리니
8. 그가 와서 죄에 대하여, 의에 대하여, 심판에 대
하여 세상을 책망하시리라
9. 죄에 대하여라 함은 그들이 나를 믿지 아니함
이요
10. 의에 대하여라 함은 내가 아버지께로 가니 너
희가 다시 나를 보지 못함이요
11. 심판에 대하여라 함은 이 세상 임금이 심판을
받았음이라
12. 내가 아직도 너희에게 이를 것이 많으나 지금
은 너희가 감당하지 못하리라
13. 그러나 진리의 성령이 오시면 그가 너희를 모
든 진리 가운데로 인도하시리니 그가 스스로
말하지 않고 오직 들은 것을 말하며 장래 일을

너희에게 알리시리라
14. 그가 내 영광을 나타내리니 내 것을 가지고 너
희에게 알리시겠음이라
15. 무릇 아버지께 있는 것은 다 내 것이라 그러므
로 내가 말하기를 그가 내 것을 가지고 너희에
게 알리시리라 하였노라
16. 조금 있으면 너희가 나를 보지 못하겠고 또 조
금 있으면 나를 보리라 하시니
17. 제자 중에서 서로 말하되 우리에게 말씀하신
바 조금 있으면 나를 보지 못하겠고 또 조금
있으면 나를 보리라 하시며 또 내가 아버지께
로 감이라 하신 것이 무슨 말씀이냐 하고
18. 또 말하되 조금 있으면이라 하신 말씀이 무슨
말씀이냐 무엇을 말씀하시는지 알지 못하노
라 하거늘
19. 예수께서 그 묻고자 함을 아시고 이르시되 내
말이 조금 있으면 나를 보지 못하겠고 또 조금

있으면 나를 보리라 하므로 서로 문의하느냐
20. 내가 진실로 진실로 너희에게 이르노니 너희
는 곡하고 애통하겠으나 세상은 기뻐하리라
너희는 근심하겠으나 너희 근심이 도리어 기
쁨이 되리라
21. 여자가 해산하게 되면 그 때가 이르렀으므로
근심하나 아기를 낳으면 세상에 사람 난 기쁨
으로 말미암아 그 고통을 다시 기억하지 아니
하느니라
22. 지금은 너희가 근심하나 내가 다시 너희를 보
리니 너희 마음이 기쁠 것이요 너희 기쁨을 빼
앗을 자가 없으리라
23. 그 날에는 너희가 아무 것도 내게 묻지 아니하
리라 내가 진실로 진실로 너희에게 이르노니
너희가 무엇이든지 아버지께 구하는 것을 내
이름으로 주시리라
24. 지금까지는 너희가 내 이름으로 아무 것도 구

하지 아니하였으나 구하라 그리하면 받으리
니 너희 기쁨이 충만하리라

내가 세상을 이기었다

25. 이것을 비유로 너희에게 일렀거니와 때가 이
르면 다시는 비유로 너희에게 이르지 않고 아
버지에 대한 것을 밝히 이르리라
26. 그 날에 너희가 내 이름으로 구할 것이요 내가
너희를 위하여 아버지께 구하겠다 하는 말이
아니니
27. 이는 너희가 나를 사랑하고 또 내가 하나님께
로부터 온 줄 믿었으므로 아버지께서 친히 너
희를 사랑하심이라
28. 내가 아버지에게서 나와 세상에 왔고 다시 세
상을 떠나 아버지께로 가노라 하시니
29. 제자들이 말하되 지금은 밝히 말씀하시고 아
무 비유로도 하지 아니하시니
30. 우리가 지금에야 주께서 모든 것을 아시고 또

사람의 물음을 기다리시지 않는 줄 아나이다
이로써 하나님께로부터 나오심을 우리가 믿
사옵나이다
31. 예수께서 대답하시되 이제는 너희가 믿느냐
32. 보라 너희가 다 각각 제 곳으로 흩어지고 나를
혼자 둘 때가 오나니 벌써 왔도다 그러나 내가
혼자 있는 것이 아니라 아버지께서 나와 함께
계시느니라
33. 이것을 너희에게 이르는 것은 너희로 내 안에
서 평안을 누리게 하려 함이라 세상에서는 너
희가 환난을 당하나 담대하라 내가 세상을 이
기었노라

마음에 와닿는 말씀에 색연필이나 형광펜으로 줄을 치고 묵상해 보세요.

성령님의 인도하심을 따르는 어린이가 되게 해주세요

사랑하는 하나님 아버지,
예수님께서 성령님에 대해서 가르쳐 주시는 말씀을 읽었어요.
예수님께서 아버지가 계신 곳으로 가신다고 하자
제자들은 근심했어요.
예수님은 자신이 떠나가야 성령님이 오시기에
자신이 떠나가는 것이 더 유익하다고 하셨지요.
그리고 보혜사 성령님이라는 표현을 하셨는데,
부모님에게 여쭤 보니 보혜사는
보호하고 지켜주고 인도하는 분을 뜻한다고 알려 주셨어요.

이 말씀을 읽으며 성령님에 대해서 잘 이해할 수 있었어요.
주님, 성령님을 통해 늘 저를 보호해 주시고
지켜주시고 인도해 주셔서 감사드려요.
제가 성령님의 인도하심을 따라
말씀도 잘 깨닫고 더 지혜로운 사람이 되게 해주세요.
예수님의 이름으로 기도드립니다. 아멘.

기도하시다

1. 예수께서 이 말씀을 하시고 눈을 들어 하늘을
우러러 이르시되 아버지여 때가 이르렀사오니
아들을 영화롭게 하사 아들로 아버지를 영화
롭게 하게 하옵소서
2. 아버지께서 아들에게 주신 모든 사람에게 영생
을 주게 하시려고 만민을 다스리는 권세를 아
들에게 주셨음이로소이다
3. 영생은 곧 유일하신 참 하나님과 그가 보내신
자 예수 그리스도를 아는 것이니이다
4. 아버지께서 내게 하라고 주신 일을 내가 이루
어 아버지를 이 세상에서 영화롭게 하였사오니
5. 아버지여 창세 전에 내가 아버지와 함께 가졌
던 영화로써 지금도 아버지와 함께 나를 영화
롭게 하옵소서
6. 세상 중에서 내게 주신 사람들에게 내가 아버
지의 이름을 나타내었나이다 그들은 아버지의

것이었는데 내게 주셨으며 그들은 아버지의
말씀을 지키었나이다
7. 지금 그들은 아버지께서 내게 주신 것이 다 아
버지로부터 온 것인 줄 알았나이다
8. 나는 아버지께서 내게 주신 말씀들을 그들에게
주었사오며 그들은 이것을 받고 내가 아버지
께로부터 나온 줄을 참으로 아오며 아버지께
서 나를 보내신 줄도 믿었사옵나이다
9. 내가 그들을 위하여 비옵나니 내가 비옵는 것
은 세상을 위함이 아니요 내게 주신 자들을 위
함이니이다 그들은 아버지의 것이로소이다
10. 내 것은 다 아버지의 것이요 아버지의 것은 내
것이온데 내가 그들로 말미암아 영광을 받았
나이다
11. 나는 세상에 더 있지 아니하오나 그들은 세상
에 있사옵고 나는 아버지께로 가옵나니 거룩
하신 아버지여 내게 주신 아버지의 이름으로

그들을 보전하사 우리와 같이 그들도 하나가
되게 하옵소서
12. 내가 그들과 함께 있을 때에 내게 주신 아버지
의 이름으로 그들을 보전하고 지키었나이다
그 중의 하나도 멸망하지 않고 다만 멸망의 자
식뿐이오니 이는 성경을 응하게 함이니이다
13. 지금 내가 아버지께로 가오니 내가 세상에서
이 말을 하옵는 것은 그들로 내 기쁨을 그들
안에 충만히 가지게 하려 함이니이다
14. 내가 아버지의 말씀을 그들에게 주었사오매
세상이 그들을 미워하였사오니 이는 내가 세
상에 속하지 아니함 같이 그들도 세상에 속하
지 아니함으로 인함이니이다
15. 내가 비옵는 것은 그들을 세상에서 데려가시
기를 위함이 아니요 다만 악에 빠지지 않게 보
전하시기를 위함이니이다
16. 내가 세상에 속하지 아니함 같이 그들도 세상

에 속하지 아니하였사옵나이다

17. 그들을 진리로 거룩하게 하옵소서 아버지의
말씀은 진리니이다

18. 아버지께서 나를 세상에 보내신 것같이 나도
그들을 세상에 보내었고

19. 또 그들을 위하여 내가 나를 거룩하게 하오니
이는 그들도 진리로 거룩함을 얻게 하려 함이
니이다

20. 내가 비옵는 것은 이 사람들만 위함이 아니요
또 그들의 말로 말미암아 나를 믿는 사람들도
위함이니

21. 아버지여, 아버지께서 내 안에, 내가 아버지 안
에 있는 것같이 그들도 다 하나가 되어 우리
안에 있게 하사 세상으로 아버지께서 나를 보
내신 것을 믿게 하옵소서

22. 내게 주신 영광을 내가 그들에게 주었사오니
이는 우리가 하나가 된 것같이 그들도 하나가

되게 하려 함이니이다
23. 곧 내가 그들 안에 있고 아버지께서 내 안에
계시어 그들로 온전함을 이루어 하나가 되게
하려 함은 아버지께서 나를 보내신 것과 또 나
를 사랑하심 같이 그들도 사랑하신 것을 세상
으로 알게 하려 함이로소이다
24. 아버지여 내게 주신 자도 나 있는 곳에 나와
함께 있어 아버지께서 창세 전부터 나를 사랑
하시므로 내게 주신 나의 영광을 그들로 보게
하시기를 원하옵나이다
25. 의로우신 아버지여 세상이 아버지를 알지 못
하여도 나는 아버지를 알았사옵고 그들도 아
버지께서 나를 보내신 줄 알았사옵나이다
26. 내가 아버지의 이름을 그들에게 알게 하였고 또
알게 하리니 이는 나를 사랑하신 사랑이 그들 안
에 있고 나도 그들 안에 있게 하려 함이니이다

마음에 와닿는 말씀에 색연필이나 형광펜으로 줄을 치고 묵상해 보세요.

하나 되기에 힘쓰는 어린이가 되게 해주세요

사랑하는 하나님 아버지,
요한복음 17장은 예수님이 아버지에게 가시기 전에
이 세상에 남겨진 사람들을 위해 기도하시는 내용이에요.
예수님은 하나님이 주신 사람들이
멸망하지 않도록 지키고 보호했다고 하셨어요.
그러면서 자신이 떠나더라도
남은 사람들을 지켜 달라고 간절히 기도하셨지요.
예수님의 기도를 읽고 쓰면서
예수님이 우리를 얼마나 사랑하시는지 알 수 있었어요.
그 큰 사랑에 정말 감사드려요.

예수님은 우리가 진리 안에서 거룩해지고
하나 되기를 간절히 원하셨어요.
제가 예수님의 기도대로 늘 말씀을 가까이하고
하나 되기에 힘쓸 수 있도록 도와주세요.
그래서 세상 사람들에게 하나님의 사랑을
나타낼 수 있도록 인도해 주세요.
예수님의 이름으로 기도드립니다. 아멘.

잡히시다

1. 예수께서 이 말씀을 하시고 제자들과 함께 기
드론 시내 건너편으로 나가시니 그 곳에 동산
이 있는데 제자들과 함께 들어가시니라
2. 그 곳은 가끔 예수께서 제자들과 모이시는 곳
이므로 예수를 파는 유다도 그 곳을 알더라
3. 유다가 군대와 대제사장들과 바리새인들에게
서 얻은 아랫사람들을 데리고 등과 횃불과 무
기를 가지고 그리로 오는지라
4. 예수께서 그 당할 일을 다 아시고 나아가 이르
시되 너희가 누구를 찾느냐
5. 대답하되 나사렛 예수라 하거늘 이르시되 내가
그니라 하시니라 그를 파는 유다도 그들과 함
께 섰더라
6. 예수께서 그들에게 내가 그니라 하실 때에 그
들이 물러가서 땅에 엎드러지는지라
7. 이에 다시 누구를 찾느냐고 물으신대 그들이

말하되 나사렛 예수라 하거늘
8. 예수께서 대답하시되 너희에게 내가 그니라 하
였으니 나를 찾거든 이 사람들이 가는 것은 용
납하라 하시니
9. 이는 아버지께서 내게 주신 자 중에서 하나도
잃지 아니하였사옵나이다 하신 말씀을 응하게
하려 함이러라
10. 이에 시몬 베드로가 칼을 가졌는데 그것을 빼
어 대제사장의 종을 쳐서 오른편 귀를 베어버
리니 그 종의 이름은 말고라
11. 예수께서 베드로더러 이르시되 칼을 칼집에
꽂으라 아버지께서 주신 잔을 내가 마시지 아
니하겠느냐 하시니라

안나스에게로 끌고 가다

12. 이에 군대와 천부장과 유대인의 아랫사람들
이 예수를 잡아 결박하여
13. 먼저 안나스에게로 끌고 가니 안나스는 그 해

의 대제사장인 가야바의 장인이라
14. 가야바는 유대인들에게 한 사람이 백성을
위하여 죽는 것이 유익하다고 권고하던 자
러라

베드로가 제자가 아니라고 하다

15. 시몬 베드로와 또 다른 제자 한 사람이 예수
를 따르니 이 제자는 대제사장과 아는 사람
이라 예수와 함께 대제사장의 집 뜰에 들어
가고
16. 베드로는 문 밖에 서 있는지라 대제사장을 아
는 그 다른 제자가 나가서 문 지키는 여자에게
말하여 베드로를 데리고 들어오니
17. 문 지키는 여종이 베드로에게 말하되 너도 이
사람의 제자 중 하나가 아니냐 하니 그가 말하
되 나는 아니라 하고
18. 그 때가 추운 고로 종과 아랫사람들이 불을 피
우고 서서 쬐니 베드로도 함께 서서 쬐더라

대제사장이 예수에게 묻다

19. 대제사장이 예수에게 그의 제자들과 그의 교
훈에 대하여 물으니
20. 예수께서 대답하시되 내가 드러내 놓고 세상
에 말하였노라 모든 유대인들이 모이는 회당
과 성전에서 항상 가르쳤고 은밀하게는 아무
것도 말하지 아니하였거늘
21. 어찌하여 내게 묻느냐 내가 무슨 말을 하였는
지 들은 자들에게 물어 보라 그들이 내가 하던
말을 아느니라
22. 이 말씀을 하시매 곁에 섰던 아랫사람 하나가
손으로 예수를 쳐 이르되 네가 대제사장에게
이같이 대답하느냐 하니
23. 예수께서 대답하시되 내가 말을 잘못하였으
면 그 잘못한 것을 증언하라 바른 말을 하였으
면 네가 어찌하여 나를 치느냐 하시더라
24. 안나스가 예수를 결박한 그대로 대제사장 가

야바에게 보내니라

베드로가 다시 제자가 아니라고 하다

25. 시몬 베드로가 서서 불을 쬐더니 사람들이 묻
되 너도 그 제자 중 하나가 아니냐 베드로가
부인하여 이르되 나는 아니라 하니
26. 대제사장의 종 하나는 베드로에게 귀를 잘린
사람의 친척이라 이르되 네가 그 사람과 함께
동산에 있는 것을 내가 보지 아니하였느냐
27. 이에 베드로가 또 부인하니 곧 닭이 울더라

빌라도 앞에 서시다

28. 그들이 예수를 가야바에게서 관정으로 끌고
가니 새벽이라 그들은 더럽힘을 받지 아니하
고 유월절 잔치를 먹고자 하여 관정에 들어가
지 아니하더라
29. 그러므로 빌라도가 밖으로 나가서 그들에게
말하되 너희가 무슨 일로 이 사람을 고발하
느냐

30. 대답하여 이르되 이 사람이 행악자가 아니었
더라면 우리가 당신에게 넘기지 아니하였겠
나이다
31. 빌라도가 이르되 너희가 그를 데려다가 너희
법대로 재판하라 유대인들이 이르되 우리에
게는 사람을 죽이는 권한이 없나이다 하니
32. 이는 예수께서 자기가 어떠한 죽음으로 죽을
것을 가리켜 하신 말씀을 응하게 하려 함이
러라
33. 이에 빌라도가 다시 관정에 들어가 예수를 불
러 이르되 네가 유대인의 왕이냐
34. 예수께서 대답하시되 이는 네가 스스로 하는
말이냐 다른 사람들이 나에 대하여 네게 한 말
이냐
35. 빌라도가 대답하되 내가 유대인이냐 네 나라
사람과 대제사장들이 너를 내게 넘겼으니 네
가 무엇을 하였느냐

36. 예수께서 대답하시되 내 나라는 이 세상에 속
한 것이 아니니라 만일 내 나라가 이 세상에
속한 것이었더라면 내 종들이 싸워 나로 유대
인들에게 넘겨지지 않게 하였으리라 이제 내
나라는 여기에 속한 것이 아니니라
37. 빌라도가 이르되 그러면 네가 왕이 아니냐 예
수께서 대답하시되 네 말과 같이 내가 왕이니
라 내가 이를 위하여 태어났으며 이를 위하여
세상에 왔나니 곧 진리에 대하여 증언하려 함
이로라 무릇 진리에 속한 자는 내 음성을 듣느
니라 하신대
38. 빌라도가 이르되 진리가 무엇이냐 하더라

십자가에 못 박도록 예수를 넘겨 주다

이 말을 하고 다시 유대인들에게 나가서 이르
되 나는 그에게서 아무 죄도 찾지 못하였노라
39. 유월절이면 내가 너희에게 한 사람을 놓아 주
는 전례가 있으니 그러면 너희는 내가 유대인

의 왕을 너희에게 놓아 주기를 원하느냐 하니
40. 그들이 또 소리 질러 이르되 이 사람이 아니라
바라바라 하니 바라바는 강도였더라

마음에 와닿는 말씀에 색연필이나 형광펜으로 줄을 치고 묵상해 보세요.

담대한 믿음을 가지게 해주세요

사랑하는 하나님 아버지,
18장 말씀을 읽다가 눈물이 났어요.
예수님을 그토록 사랑하던 제자 베드로가
예수님을 모른다고 세 번이나 거짓말을 했기 때문이에요.
너무 사랑하고 의지하고 믿었던 예수님이 붙잡혀가시자
베드로는 너무 무서웠던 거 같아요.
얼마나 무서웠으면 주님을 모른다고까지 말했을지
베드로의 마음이 이해가 되기도 해요.

주님, 그래도 저는 주님을 모른다고 거짓말하지 않도록
담대한 믿음을 주세요.
어디서나 주님을 믿는다고 용기 있게 말하며
복음을 전하는 사람이 되게 해주세요.
예수님의 이름으로 기도드립니다. 아멘.

1. 이에 빌라도가 예수를 데려다가 채찍질하더라
2. 군인들이 가시나무로 관을 엮어 그의 머리에
씌우고 자색 옷을 입히고
3. 앞에 가서 이르되 유대인의 왕이여 평안할지어
다 하며 손으로 때리더라
4. 빌라도가 다시 밖에 나가 말하되 보라 이 사람
을 데리고 너희에게 나오나니 이는 내가 그에
게서 아무 죄도 찾지 못한 것을 너희로 알게 하
려 함이로라 하더라
5. 이에 예수께서 가시관을 쓰고 자색 옷을 입고
나오시니 빌라도가 그들에게 말하되 보라 이
사람이로다 하매
6. 대제사장들과 아랫사람들이 예수를 보고 소리
질러 이르되 십자가에 못 박으소서 십자가에
못 박으소서 하는지라 빌라도가 이르되 너희
가 친히 데려다가 십자가에 못 박으라 나는 그
에게서 죄를 찾지 못하였노라

7. 유대인들이 대답하되 우리에게 법이 있으니 그
법대로 하면 그가 당연히 죽을 것은 그가 자기
를 하나님의 아들이라 함이니이다
8. 빌라도가 이 말을 듣고 더욱 두려워하여
9. 다시 관정에 들어가서 예수께 말하되 너는 어
디로부터냐 하되 예수께서 대답하여 주지 아
니하시는지라
10. 빌라도가 이르되 내게 말하지 아니하느냐 내
가 너를 놓을 권한도 있고 십자가에 못 박을
권한도 있는 줄 알지 못하느냐
11. 예수께서 대답하시되 위에서 주지 아니하셨
더라면 나를 해할 권한이 없었으리니 그러므
로 나를 네게 넘겨 준 자의 죄는 더 크다 하시
니라
12. 이러하므로 빌라도가 예수를 놓으려고 힘썼
으나 유대인들이 소리 질러 이르되 이 사람을
놓으면 가이사의 충신이 아니니이다 무릇 자

기를 왕이라 하는 자는 가이사를 반역하는 것
이니이다
13. 빌라도가 이 말을 듣고 예수를 끌고 나가서 돌
을 깐 뜰(히브리 말로 가바다)에 있는 재판석
에 앉아 있더라
14. 이 날은 유월절의 준비일이요 때는 제육시라
빌라도가 유대인들에게 이르되 보라 너희 왕
이로다
15. 그들이 소리 지르되 없이 하소서 없이 하소서
그를 십자가에 못 박게 하소서 빌라도가 이르
되 내가 너희 왕을 십자가에 못 박으랴 대제사
장들이 대답하되 가이사 외에는 우리에게 왕
이 없나이다 하니
16. 이에 예수를 십자가에 못 박도록 그들에게 넘
겨 주니라

십자가에 못 박히시다

17. 그들이 예수를 맡으매 예수께서 자기의 십자

가를 지시고 해골(히브리 말로 골고다)이라 하
는 곳에 나가시니
18. 그들이 거기서 예수를 십자가에 못 박을새 다
른 두 사람도 그와 함께 좌우편에 못 박으니
예수는 가운데 있더라
19. 빌라도가 패를 써서 십자가 위에 붙이니 나사
렛 예수 유대인의 왕이라 기록되었더라
20. 예수께서 못 박히신 곳이 성에서 가까운 고로
많은 유대인이 이 패를 읽는데 히브리와 로마
와 헬라 말로 기록되었더라
21. 유대인의 대제사장들이 빌라도에게 이르되
유대인의 왕이라 쓰지 말고 자칭 유대인의 왕
이라 쓰라 하니
22. 빌라도가 대답하되 내가 쓸 것을 썼다 하니라
23. 군인들이 예수를 십자가에 못 박고 그의 옷을
취하여 네 깃에 나눠 각각 한 깃씩 얻고 속옷
도 취하니 이 속옷은 호지 아니하고 위에서부

터 통으로 짠 것이라
24. 군인들이 서로 말하되 이것을 찢지 말고 누가
얻나 제비 뽑자 하니 이는 성경에 그들이 내
옷을 나누고 내 옷을 제비 뽑나이다 한 것을
응하게 하려 함이러라 군인들은 이런 일을
하고
25. 예수의 십자가 곁에는 그 어머니와 이모와 글
로바의 아내 마리아와 막달라 마리아가 섰는
지라
26. 예수께서 자기의 어머니와 사랑하시는 제자
가 곁에 서 있는 것을 보시고 자기 어머니께
말씀하시되 여자여 보소서 아들이니이다 하
시고
27. 또 그 제자에게 이르시되 보라 네 어머니라 하
신대 그 때부터 그 제자가 자기 집에 모시니라

영혼이 떠나가시다

28. 그 후에 예수께서 모든 일이 이미 이루어진 줄

아시고 성경을 응하게 하려 하사 이르시되 내
가 목마르다 하시니
29. 거기 신 포도주가 가득히 담긴 그릇이 있는지
라 사람들이 신 포도주를 적신 해면을 우슬초
에 매어 예수의 입에 대니
30. 예수께서 신 포도주를 받으신 후에 이르시되
다 이루었다 하시고 머리를 숙이니 영혼이 떠
나가시니라

창으로 옆구리를 찌르다

31. 이 날은 준비일이라 유대인들은 그 안식일이
큰 날이므로 그 안식일에 시체들을 십자가에
두지 아니하려 하여 빌라도에게 그들의 다리
를 꺾어 시체를 치워 달라 하니
32. 군인들이 가서 예수와 함께 못 박힌 첫째 사람
과 또 그 다른 사람의 다리를 꺾고
33. 예수께 이르러서는 이미 죽으신 것을 보고 다
리를 꺾지 아니하고

34. 그 중 한 군인이 창으로 옆구리를 찌르니 곧
피와 물이 나오더라
35. 이를 본 자가 증언하였으니 그 증언이 참이라
그가 자기의 말하는 것이 참인 줄 알고 너희로
믿게 하려 함이니라
36. 이 일이 일어난 것은 그 뼈가 하나도 꺾이지
아니하리라 한 성경을 응하게 하려 함이라
37. 또 다른 성경에 그들이 그 찌른 자를 보리라
하였느니라

새 무덤에 예수를 두다

38. 아리마대 사람 요셉은 예수의 제자이나 유대
인이 두려워 그것을 숨기더니 이 일 후에 빌라
도에게 예수의 시체를 가져가기를 구하매 빌
라도가 허락하는지라 이에 가서 예수의 시체
를 가져가니라
39. 일찍이 예수께 밤에 찾아왔던 니고데모도 몰약
과 침향 섞은 것을 백 리트라쯤 가지고 온지라

40. 이에 예수의 시체를 가져다가 유대인의 장례
법대로 그 향품과 함께 세마포로 쌌더라
41. 예수께서 십자가에 못 박히신 곳에 동산이 있
고 동산 안에 아직 사람을 장사한 일이 없는
새 무덤이 있는지라
42. 이 날은 유대인의 준비일이요 또 무덤이 가까
운 고로 예수를 거기 두니라

마음에 와닿는 말씀에 색연필이나 형광펜으로 줄을 치고 묵상해 보세요.

십자가에 달리신 예수님의 은혜를 기억하게 해주세요

사랑하는 하나님 아버지,
아무 죄도 없으신 예수님이 십자가에 못 박히셨어요.
군인들은 예수님의 옷을 가져갔지요.
그러나 이 모든 것이 구약성경에 이미 나와 있는 말씀을
이루기 위함이라니 놀라워요.

저를 구원하시기 위해 십자가에 달려 돌아가신
예수님께 진심으로 감사드려요.
그 은혜를 늘 기억하며 예수님을 더욱 전하는 사람이 되도록
저를 인도해 주세요.
예수님의 이름으로 기도드립니다. 아멘.

살아나시다

1. 안식 후 첫날 일찍이 아직 어두울 때에 막달라
마리아가 무덤에 와서 돌이 무덤에서 옮겨진
것을 보고
2. 시몬 베드로와 예수께서 사랑하시던 그 다른
제자에게 달려가서 말하되 사람들이 주님을
무덤에서 가져다가 어디 두었는지 우리가 알
지 못하겠다 하니
3. 베드로와 그 다른 제자가 나가서 무덤으로 갈새
4. 둘이 같이 달음질하더니 그 다른 제자가 베드
로보다 더 빨리 달려가서 먼저 무덤에 이르러
5. 구부려 세마포 놓인 것을 보았으나 들어가지는
아니하였더니
6. 시몬 베드로는 따라와서 무덤에 들어가 보니
세마포가 놓였고
7. 또 머리를 쌌던 수건은 세마포와 함께 놓이지
않고 딴 곳에 쌌던 대로 놓여 있더라

8. 그 때에야 무덤에 먼저 갔던 그 다른 제자도 들
어가 보고 믿더라
9. (그들은 성경에 그가 죽은 자 가운데서 다시 살
아나야 하리라 하신 말씀을 아직 알지 못하더라)
10. 이에 두 제자가 자기들의 집으로 돌아가니라

막달라 마리아에게 나타나시다

11. 마리아는 무덤 밖에 서서 울고 있더니 울면서
구부려 무덤 안을 들여다보니
12. 흰 옷 입은 두 천사가 예수의 시체 뉘었던
곳에 하나는 머리 편에, 하나는 발 편에 앉
았더라
13. 천사들이 이르되 여자여 어찌하여 우느냐 이
르되 사람들이 내 주님을 옮겨다가 어디 두었
는지 내가 알지 못함이니이다
14. 이 말을 하고 뒤로 돌이켜 예수께서 서 계신
것을 보았으나 예수이신 줄은 알지 못하더라
15. 예수께서 이르시되 여자여 어찌하여 울며 누

구를 찾느냐 하시니 마리아는 그가 동산지기
인 줄 알고 이르되 주여 당신이 옮겼거든 어디
두었는지 내게 이르소서 그리하면 내가 가져
가리이다
16. 예수께서 마리아야 하시거늘 마리아가 돌이
켜 히브리 말로 랍오니 하니 (이는 선생님이라
는 말이라)
17. 예수께서 이르시되 나를 붙들지 말라 내가 아
직 아버지께로 올라가지 아니하였노라 너는
내 형제들에게 가서 이르되 내가 내 아버지 곧
너희 아버지, 내 하나님 곧 너희 하나님께로
올라간다 하라 하시니
18. 막달라 마리아가 가서 제자들에게 내가 주를
보았다 하고 또 주께서 자기에게 이렇게 말씀
하셨다 이르니라

제자들에게 나타나시다

19. 이 날 곧 안식 후 첫날 저녁 때에 제자들이 유

대인들을 두려워하여 모인 곳의 문들을 닫았
더니 예수께서 오사 가운데 서서 이르시되 너
희에게 평강이 있을지어다
20. 이 말씀을 하시고 손과 옆구리를 보이시니 제
자들이 주를 보고 기뻐하더라
21. 예수께서 또 이르시되 너희에게 평강이 있을
지어다 아버지께서 나를 보내신 것같이 나도
너희를 보내노라
22. 이 말씀을 하시고 그들을 향하사 숨을 내쉬며
이르시되 성령을 받으라
23. 너희가 누구의 죄든지 사하면 사하여질 것이
요 누구의 죄든지 그대로 두면 그대로 있으리
라 하시니라

도마가 의심하다

24. 열두 제자 중의 하나로서 디두모라 불리는 도
마는 예수께서 오셨을 때에 함께 있지 아니한
지라

25. 다른 제자들이 그에게 이르되 우리가 주를 보
았노라 하니 도마가 이르되 내가 그의 손의 못
자국을 보며 내 손가락을 그 못 자국에 넣으며
내 손을 그 옆구리에 넣어 보지 않고는 믿지
아니하겠노라 하니라
26. 여드레를 지나서 제자들이 다시 집 안에 있을
때에 도마도 함께 있고 문들이 닫혔는데 예수
께서 오사 가운데 서서 이르시되 너희에게 평
강이 있을지어다 하시고
27. 도마에게 이르시되 네 손가락을 이리 내밀어
내 손을 보고 네 손을 내밀어 내 옆구리에 넣
어 보라 그리하여 믿음 없는 자가 되지 말고
믿는 자가 되라
28. 도마가 대답하여 이르되 나의 주님이시요 나
의 하나님이시니이다
29. 예수께서 이르시되 너는 나를 본 고로 믿느냐
보지 못하고 믿는 자들은 복되도다 하시니라

이 책을 기록한 목적

30. 예수께서 제자들 앞에서 이 책에 기록되지 아
니한 다른 표적도 많이 행하셨으나
31. 오직 이것을 기록함은 너희로 예수께서 하나
님의 아들 그리스도이심을 믿게 하려 함이요
또 너희로 믿고 그 이름을 힘입어 생명을 얻게
하려 함이니라

마음에 와닿는 말씀에 색연필이나 형광펜으로 줄을 치고 묵상해 보세요.

예수님의 부활을 전하는 어린이가 되게 해주세요

사랑하는 하나님 아버지,
사람들은 예수님의 빈 무덤을 보고서도
예수님이 부활하신 것을 믿지 못했어요.
그만큼 부활의 사건이 너무나 놀랍다는 뜻이겠죠!

예수님은 자신을 믿지 못하는 도마에게
보지 않고도 믿는 자들이 복되다고 하셨어요.
저는 부활의 사건을 직접 보지는 못했지만
마음으로 믿고 다른 사람들에게도 전하고 싶어요.
제가 그렇게 살아갈 수 있도록 도와주세요.
예수님의 이름으로 기도드립니다. 아멘.

일곱 제자에게 나타나시다

1. 그 후에 예수께서 디베랴 호수에서 또 제자들
에게 자기를 나타내셨으니 나타내신 일은 이
러하니라
2. 시몬 베드로와 디두모라 하는 도마와 갈릴리
가나 사람 나다나엘과 세베대의 아들들과 또
다른 제자 둘이 함께 있더니
3. 시몬 베드로가 나는 물고기 잡으러 가노라 하
니 그들이 우리도 함께 가겠다 하고 나가서 배
에 올랐으나 그 날 밤에 아무 것도 잡지 못하였
더니
4. 날이 새어갈 때에 예수께서 바닷가에 서셨으나
제자들이 예수이신 줄 알지 못하는지라
5. 예수께서 이르시되 얘들아 너희에게 고기가 있
느냐 대답하되 없나이다
6. 이르시되 그물을 배 오른편에 던지라 그리하면
잡으리라 하시니 이에 던졌더니 물고기가 많

아 그물을 들 수 없더라
7. 예수께서 사랑하시는 그 제자가 베드로에게 이
르되 주님이시라 하니 시몬 베드로가 벗고 있
다가 주님이라 하는 말을 듣고 겉옷을 두른 후
에 바다로 뛰어 내리더라
8. 다른 제자들은 육지에서 거리가 불과 한 오십
간쯤 되므로 작은 배를 타고 물고기 든 그물을
끌고 와서
9. 육지에 올라보니 숯불이 있는데 그 위에 생선
이 놓였고 떡도 있더라
10. 예수께서 이르시되 지금 잡은 생선을 좀 가져
오라 하시니
11. 시몬 베드로가 올라가서 그물을 육지에 끌어
올리니 가득히 찬 큰 물고기가 백쉰세 마리
라 이같이 많으나 그물이 찢어지지 아니하였
더라
12. 예수께서 이르시되 와서 조반을 먹으라 하시

니 제자들이 주님이신 줄 아는 고로 당신이 누
구냐 감히 묻는 자가 없더라
13. 예수께서 가셔서 떡을 가져다가 그들에게 주
시고 생선도 그와 같이 하시니라
14. 이것은 예수께서 죽은 자 가운데서 살아나신
후에 세 번째로 제자들에게 나타나신 것이라

내 양을 먹이라

15. 그들이 조반 먹은 후에 예수께서 시몬 베드로
에게 이르시되 요한의 아들 시몬아 네가 이 사
람들보다 나를 더 사랑하느냐 하시니 이르되
주님 그러하나이다 내가 주님을 사랑하는 줄
주님께서 아시나이다 이르시되 내 어린 양을
먹이라 하시고
16. 또 두 번째 이르시되 요한의 아들 시몬아 네가
나를 사랑하느냐 하시니 이르되 주님 그러하
나이다 내가 주님을 사랑하는 줄 주님께서 아
시나이다 이르시되 내 양을 치라 하시고

17. 세 번째 이르시되 요한의 아들 시몬아 네가 나
를 사랑하느냐 하시니 주께서 세 번째 네가 나
를 사랑하느냐 하시므로 베드로가 근심하여
이르되 주님 모든 것을 아시오매 내가 주님을
사랑하는 줄을 주님께서 아시나이다 예수께
서 이르시되 내 양을 먹이라
18. 내가 진실로 진실로 네게 이르노니 네가 젊어
서는 스스로 띠 띠고 원하는 곳으로 다녔거니
와 늙어서는 네 팔을 벌리리니 남이 네게 띠
띠우고 원하지 아니하는 곳으로 데려가리라
19. 이 말씀을 하심은 베드로가 어떠한 죽음으로
하나님께 영광을 돌릴 것을 가리키심이러라
이 말씀을 하시고 베드로에게 이르시되 나를
따르라 하시니
20. 베드로가 돌이켜 예수께서 사랑하시는 그 제
자가 따르는 것을 보니 그는 만찬석에서 예수
의 품에 의지하여 주님 주님을 파는 자가 누구

나의 기도문

기도하며 성경 쓰기(요한복음)

1판 1쇄 2022년 7월 12일
1판 3쇄 2024년 10월 30일

발행인 조애신
편집 이소연
디자인 임은미
마케팅 전필영
경영지원 전두표

발행처 도서출판 토기장이
주소 서울시 마포구 동교로 71-1 2F
출판등록 1998년 5월 29일 제1998-000070호
전화 02-3143-0400
팩스 0505-300-0646
이메일 tletter77@naver.com
인스타그램 togijangi_books_

ISBN 978-89-7782-475-1
978-89-7782-439-3(세트)

도서출판 토기장이는 생명 있는 책만 만듭니다.
"우리는 진흙이요 주는 토기장이시니 우리는 다 주의 손으로 지으신 것이니이다" (이사야 64:8)

오니이까 묻던 자더라
21. 이에 베드로가 그를 보고 예수께 여짜오되 주
님 이 사람은 어떻게 되겠사옵나이까
22. 예수께서 이르시되 내가 올 때까지 그를 머물
게 하고자 할지라도 네게 무슨 상관이냐 너는
나를 따르라 하시더라
23. 이 말씀이 형제들에게 나가서 그 제자는 죽지
아니하겠다 하였으나 예수의 말씀은 그가 죽
지 않겠다 하신 것이 아니라 내가 올 때까지
그를 머물게 하고자 할지라도 네게 무슨 상관
이냐 하신 것이러라
24. 이 일들을 증언하고 이 일들을 기록한 제자가 이
사람이라 우리는 그의 증언이 참된 줄 아노라
25. 예수께서 행하신 일이 이 외에도 많으니 만일
낱낱이 기록된다면 이 세상이라도 이 기록된
책을 두기에 부족할 줄 아노라

마음에 와닿는 말씀에 색연필이나 형광펜으로 줄을 치고 묵상해 보세요.

예수님의 사랑을 잊지 않게 해주세요

사랑하는 하나님 아버지,
요한복음 마지막 장이에요.
여기까지 읽고 쓰고 기도하도록 도와주셔서 감사드려요.

부활하신 예수님은 베드로를 찾아가
"네가 나를 사랑하느냐"고 세 번이나 물으셨어요.
베드로가 자신이 주님을 사랑하는 것을 아시지 않냐고 대답하자
예수님은 "내 양을 먹이라"고 세 번 말씀하셨지요.
전에 예수님을 세 번이나 모른다고 한 일로 괴로워했던
베드로의 마음이 예수님의 사랑으로 회복되었을 것 같아요.
이 예수님의 사랑을 저도 평생 잊지 않게 해주세요.

요한복음 마지막에는 이 일들에 대한 기록이
참된 줄 안다는 표현이 나오는데요.
요한복음의 모든 내용이 거짓이 아니라는 뜻이겠죠.
주님, 제가 요한복음을 읽고 쓰면서 배운 말씀들을 마음에 새기고
그대로 살아갈 수 있게 도와주세요.
예수님이 부활하시고 지금도 우리와 함께하신다는 것을 믿고
담대하게 살아가도록 인도해 주세요.
예수님의 이름으로 기도드립니다. 아멘.